新媒体 新传播 新运营

新媒体
运营实战

祁较瘦 ◉ 编著

人民邮电出版社

北京

图书在版编目（CIP）数据

新媒体运营实战 / 祁较瘦编著. -- 北京 : 人民邮
电出版社，2020.1
ISBN 978-7-115-52104-0

Ⅰ．①新… Ⅱ．①祁… Ⅲ．①传播媒介－运营管理－
教材 Ⅳ．①G206.2

中国版本图书馆CIP数据核字(2019)第211515号

内 容 提 要

　　本书较为全面地介绍了新媒体运营、新媒体平台操作、新媒体内容制作和新媒体营销传播等知识。全书分 3 篇共 10 章，包括新媒体运营导论、新媒体文案、新媒体运营必备技能、微博运营、微信运营、自媒体运营、短视频运营、新媒体数据分析、新媒体活动策划、整合营销活动运营等内容。本书既重视实战操作的技能讲解，也注重实战背后的策略介绍。技能与策略并重有利于读者系统全面地建立自己的新媒体运营知识体系。

　　本书可以作为网络营销、媒体营销、电子商务、互联网运营相关专业的教材，也可以作为网络营销和新媒体运营培训班的教材，同时适合相关媒体从业人员和广大爱好者自学使用。

◆ 编　著　祁较瘦
　　责任编辑　祝智敏
　　责任印制　马振武

◆ 人民邮电出版社出版发行　　北京市丰台区成寿寺路 11 号
　　邮编　100164　电子邮件　315@ptpress.com.cn
　　网址　http://www.ptpress.com.cn
　　保定市中画美凯印刷有限公司印刷

◆ 开本：787×1092　1/16
　　印张：16.5　　　　　　　　2020 年 1 月第 1 版
　　字数：392 千字　　　　　　2024 年 8 月河北第 11 次印刷

定价：49.80 元

读者服务热线：(010)81055256　印装质量热线：(010)81055316
反盗版热线：(010)81055315
广告经营许可证：京东市监广登字 20170147 号

PREFACE 前 言

新媒体是随着互联网和通信技术的发展而逐渐繁荣起来的新兴媒体形式,新媒体的社交化、内容化特点正逐渐改变着人们的社交、购物等生活方式。随着社会和消费形式的变化,传统媒体行业正在转型,传播行业也正经历着数字化、社会化的变革,市场对新媒体人才的需求逐步加大。直播、短视频、自媒体的全民普及,让新媒体运营不仅成为一种企业需求,更成为大众创业的能力要求。

受限于信息的层级传播,一线新媒体应用技能并不能无差别地普及下去。企业市场人员、高校毕业生、新媒体从业者、个人创业者等又急需汲取专业的新媒体知识。笔者多年来一直从事新媒体企业实践及新媒体教学培训工作,有着丰富的教学及实战经验。在此背景下,笔者将自身经验进行总结和梳理,编写成此书。

基于笔者对新媒体的认知和读者需求的考量,本书呈现如下特点。

(1)一线实战的内容

案例及运营操作方法皆来自一线市场,满足新媒体"新"的特点;内容偏重具体方法的讲解并辅以实战指导,使本书更具实战操作的参考价值。

(2)系统全面的规划

在内容规划上具有系统化、全面化的特点,不仅包含了目前新媒体的核心热门"两微一抖"的相关内容,而且对短视频、自媒体、数据分析、活动策划等内容也进行了详细讲解。系统化的内容安排有利于读者较全面地建立自己的知识体系。

(3)基础与提升并重

在结构上分为新媒体运营基础、新媒体平台运营和新媒体运营提升三篇,既保证了基础学习者能够掌握基本技能,也保证了高阶学习者能够实现自身方法论和运营观的提升。

(4)技能与策略并重

本书既重视实战操作的技能讲解,也注重实战背后的策略介绍。技能与策略并重让读者不仅能"知其然",还能"知其所以然"。"懂策略、善执行"是本书传达的核心理念。

本书能够付诸出版,要感谢曾与笔者并肩作战的同事兼朋友谢伟民先生对本书撰写方向的建议和启发，感谢人民邮电出版社在内容规划、质量把控、出版安排等方面的专业付出，感谢我的妻子魏珣女士对本书初稿细致的文字梳理与润色。

由于笔者水平有限，书中不妥之处在所难免，殷切希望广大读者批评指正。同时，恳请读者一旦发现错误及时与笔者联系，以便尽快更正，笔者将不胜感激，E-mail：qijiaoshou@qq.com。

祁较瘦

2019 年 5 月

CONTENTS
目 录

第二篇 新媒体平台运营

第一篇

新媒体运营基础

第 1 章
新媒体运营导论

学习目标

　　了解有关新媒体的基础知识和互联网营销的发展进程，理解新媒体的内容特点和发展趋势，对新媒体行业的职业发展有清晰的认识，明确新媒体运营人员必备的职业技能。

本章重点

　　本章重点介绍以下核心内容：首先，通过互联网营销3个核心发展阶段的对比，加深读者对新媒体的理解；其次，对新媒体的特点进行深入分析，以便读者理解新媒体内容的特性；最后，对新媒体行业的职业发展进行介绍，规划新媒体运营人才的成长路径，明确新媒体岗位必备的职业技能，为新媒体运营人才梳理出清晰的职业发展路径。

1.1　新媒体运营概述

1.1.1　什么是新媒体运营

1. 什么是新媒体

新媒体相对广播、电视等传统媒体来说，是一种新兴的媒体形式，主要指以数字技术为依托进行信息传播的媒介。常见的新媒体有网络电视、数字杂志、电子户外广告、门户网站、微博、微信等。新媒体没有具体的界定与指称，可以从以下 4 个维度去思考和辨别新媒体。

（1）相对的概念

新媒体是一个相对的概念，是相对于广播、电视、报刊、户外四大传统媒体形式而言的新兴媒体。因为新媒体是相对的，故其概念和内容也在不断地变化和发展中。比如门户网站和博客，相对于目前的资讯客户端、微博和微信等平台来说就不够新，在目前的语境中就不属于新媒体了。

（2）狭义与广义

从广义上来说，与广播、电视等传统媒体相区分的、有数字化特点的媒体，都是新媒体。比如网络电视、数字杂志、电子户外广告、手机媒体、IPTV 等，都是新媒体。

从狭义上来说，目前新媒体特指微博、微信、抖音等具有媒体属性的互联网平台，互联网行业中的"新媒体运营"岗位通常也特指对微博、微信、抖音等平台的运营。

在讨论什么是新媒体时，需要注意讨论的语境和话题的范围，正确理解新媒体的狭义与广义之分。

（3）互动性

新媒体具有互动性。在传统媒体中，用户是受众，只接收、查看媒体信息，信息在传播中是单向的、固定的。在新媒体中，用户既是受众，也是信息传播的一环，用户可以与信息进行交互，获得有针对性的信息反馈。在一些新媒体形态中，用户既是受众，又是信息的参与者与制造者，甚至就是信息本身。

比如在微博平台，微博用户可以转发微博信息，同时带上自己的评论，当该用户的关注者看到这条微博信息时，信息和评论内容就成为了一条新的信息。

（4）创新的使命

相对传统媒体来说，新媒体既是新的发展阶段的产物，又需要跟随时代的发展持续地进化和演变。新媒体不是一种具体的媒体形态，而是一种媒体发展的"态度"，新媒体因其"新"而不断创新，不断丰富内涵。

2. 什么是运营

运营即运作加经营，指为达成一定的目标而有计划地对工作进行运作和经营的过程。运营有 3 个特点。

（1）有目标

先要有明确的目标，然后才能按照目标进行运营。

（2）有计划

运营是围绕目标有计划地推进工作。

（3）有执行

有了目标和计划，接下来的运营工作就是执行。

3. 什么是新媒体运营

新媒体运营是指利用微博、微信等新媒体平台工具或新媒体传播手段，实现企业品牌传播、产品推广、用户管理、销售转化等运营目标的过程。

1.1.2 新媒体运营的行业定位

1. 什么是互联网运营

互联网运营是指企业对互联网产品或利用互联网手段进行的运营。按照运营对象的不同，互联网运营主要分为以下4种类型。

（1）产品运营

产品运营即围绕产品的各项指标进行的运营。产品可以是一个网站或一个App，指标包括用户数量、用户活跃度、产品功能的使用情况等数据，实现产品有新增用户、活跃用户及产品功能使用良好等目标。

（2）内容运营

内容运营是指以内容为核心进行的运营。运营人员需要思考内容的形式是什么，内容如何生产，内容如何传递给用户，以及如何实现用户的持续良性增长。

（3）用户运营

用户运营即围绕用户的各项指标进行的运营。运营人员需要关注用户的新增、活跃、存留等情况；通过运营实现新增用户数的持续增长，提高用户活跃度，降低用户流失率等。

（4）活动运营

活动运营是指从一个活动的生命周期角度进行的运营。运营人员需要进行活动的策划、筹备、执行和总结，进而确保活动效果。

运营工作是一个完整的机体。为了实现运营目标，企业须分别从产品、内容、用户、活动等角度入手开展运营工作。不同类型的运营工作之间既相互独立，又相互渗透，如活动的策划和运营也是用户运营的一部分。

2. 新媒体运营与互联网运营的关系

新媒体运营是从新媒体平台的角度进行的运营划分。随着互联网新媒体形式的不断发展，企业在网站、App等传统互联网媒体平台开展运营工作的同时，也越来越重视在新媒体平台上开展运营工作。通过新媒体平台实现企业运营目标的需求越来越强烈，进而产生了新媒体运营。

新媒体运营是一个属性灵活、内涵丰富的运营类型，既需要关注用户的增长，又需要关注内容的传播，还需要做好客服工作和销售转化。

1.1.3 互联网的发展进程

互联网发展至今，随着互联网内容形式的不断演进，互联网营销也在不断迭代和更新。

1. 中文互联网经历的 3 个时代

中文互联网自出现以来，主要经历了 3 个时代。

（1）门户网站时代

门户网站时代的标志是搜狐、网易、新浪、腾讯"四大门户"的兴盛。门户网站时代的内容特点是将所有内容整合在一个页面，比如新浪网首页就有各类资讯信息。另一个标志是 hao123 等导航网站的兴起。

在门户网站时代，互联网用户的网络知识水平有限，还不知道如何主动获取个性化的网络信息。门户网站和导航网站通过一个页面把所有内容呈现给用户，方便用户在浏览网站过程中获取信息。图 1.1 所示是"4399 小游戏"网站界面，它将所有游戏类型集合在一个页面上，用户只需要记住 4399 就可以找到网站，然后就可以找到各种各样的游戏。

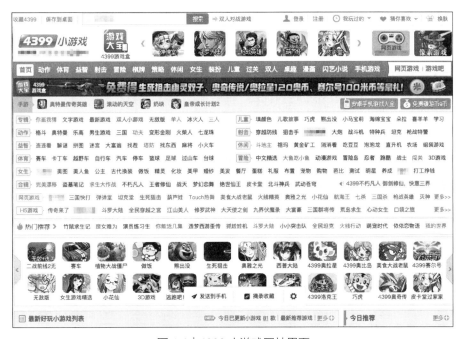

图 1.1 | 4399 小游戏网站界面

门户网站时代的内容生产方式与传统媒体时代相同，是官方的、专业的、自上而下的，用户在门户网站等平台获取的信息都是由专业的编辑人员精选和生产的，用户只是被动的信息获取者。

（2）博客时代

博客时代的标志是各大门户网站都竞相发展博客产品，新浪博客最终在竞争中胜出。博客时代的用户的网络知识不断充实，用户不再只满足于消费信息，而是拥有了生产信息的能力和表达观点的诉求，因此博客产品应运而生。

图 1.2 所示是新浪博客的首页。用户可以使用博客记录自己的生活，分享自己的观点，参与公共话题的讨论。同时，博客用户之间还可以相互关注，有了知名博主（即拥有众多关注者的博客用户）和关注者的概念，关注者可以持续性地从关注的知名博主处获取信息，并参与信息的互动、转发和传播。

图 1.2 | 新浪博客首页

在博客时代，用户第一次参与到信息的生产和传播中，改变了传统的自上而下的专业化信息生产方式，使信息传播更加平民化、自由化、灵活化。

（3）自媒体时代

微博、微信的兴起是自媒体时代的开端，头条号、百家号、抖音、快手等平台的发展则标志着自媒体时代进入成熟期。自媒体时代的特点是人人都可以成为有影响力的媒体，而且可选择的媒体内容类型和展现形式也更加丰富。

可以说博客时代是精英参与信息创造的时代，因为并不是所有互联网用户都能撰写出一篇高质量的文章。而在自媒体时代，微博等平台的内容可以短至一句话，并且有图片、直播、短视频等多种内容组织形式，媒体平台也类型众多，生产信息的门槛进一步降低，用户的网络知识更加丰富，参与互联网信息的生产与传播不再有难度。

自媒体时代真正实现了人人都可以成为自媒体，互联网的内容生产方式更加全民化、多样化、去中心化。

2. 互联网营销的 3 个时代

随着互联网的发展，互联网的营销方式也在发生转变。互联网发展经历的 3 个时代分别对应互联网营销的 3 种类型，这 3 种类型又对应着互联网营销演化的 3 个时代。

（1）流量推广时代

在门户网站时代，互联网营销推广的主要方式是获取流量并进行广告投放。这一时期流量为王，哪个网站或平台的用户访问量大，其商业价值就高，由此涌现出了一批实现商业变现的个人站长，其盈利模式就是在网站上打广告。

流量推广时代的互联网营销模式，在本质上跟传统营销模式相同，都是在人多的地方展示广告。企业在访问量高的网站上打广告，和在订阅人数多的报纸上打广告一样，模式不变，只是平台变了。

（2）知名博主推广时代

在博客时代，个人用户可以参与到信息的生产和传播中，那些关注者多、影响力大的用户，被称为知名博主。知名博主凭借自己的关注者量和影响力，可以为企业进行产品宣传。

博客时代开启了知名博主推广的网络营销新模式，改变了流量推广时代的单一互联网营销方式。知名博主推广把个人引入到互联网营销中，为营销增添了人格化、口碑化、内容化的特点，丰富了互联网营销的内涵。

（3）用户原创社交时代

在人人参与互联网信息生产传播的自媒体时代，互联网营销也有了新的内涵，主要特征是社交和用户原创。社交指企业营销从产品设计到传播推广的全过程都加入了社交的特色。UGC 指用户参与到企业品牌信息的创造中，这里的用户既有普通用户，也有知名博主。

这一时期，互联网营销在内容生产和推广方式上，变得更加人格化、内容化和社交化，不再只单纯追求流量和渠道。

1.1.4 新媒体运营相关词汇

新媒体行业有一些专属词汇，是新媒体运营人员必须了解和掌握的。以下是在新媒体运营工作中出现频率较高的词汇，新媒体运营人员有必要知晓其意义，理解其使用场景，从而提高新媒体信息的获取效率。

- 知名博主

知名博主是对关注者多、影响力大的自媒体账号的称谓。比如 1 个微博账号的关注者数量超过了 100 万，这个账号就会被称为微博知名博主。

- 10 万+

因为公众号文章阅读量显示的最高数据是 100000+，所以有了 10 万+的说法，专指高阅读量文章和爆款文章。

- 人格化

通常指对品牌的人格化，比如把 1 个企业品牌打造成 1 个人，以人的形象跟用户沟通，以此实现品牌传播。比如"江小白"就是一个人格化品牌。卫龙食品在微博自称"龙哥"，也是在进行品牌人格化。

- 账号矩阵

账号矩阵指在 1 个平台或多个平台运营多个账号，形成传播矩阵。比如"微博矩阵"，就是指一家企业运营多个微博账号，各账号之间相互转发传播的形态。除此以外，还有"公众号矩阵""自媒体矩阵""营销矩阵"等。

- "水军"

"水军"指通过机器实现关注者数量或阅读量等数据提升的作假行为。如果一条微博有 2000 条虚假转发，就可以称为"刷水军"了。"水军"是相对真实账号而言的，真实账号在网络上的互动是个人的自然行为，而"水军"在网络上进行关注、评论、转发等操作都是有目的、有组织的。

- "僵尸号"

"僵尸号"主要指虚假的机器账号。这些账号批量注册、随机更新内容。"僵尸号"存在的目的就是为了完成关注、转发、评论等"水军"任务。

- 信息流

信息流是一种对互联网信息展示形式的形象化指称。比如微博首页的信息以上下布局的形式排列，用户浏览时只需上下滑动手指，信息即可上下滑动展现、消失。这种信息展示形式就被称为信息流。

- IP

这里的 IP 不是 IP 地址，而是文化 IP（Intellectual Property），即知识产权。通常指一个故事、一种形象、一件艺术品、一种流行文化。

- 多频道网络产品形态

多频道网络产品形态（Multi-Channel Network，MCN）是一个舶来词。通俗来讲，MCN 是指以公司或组织形式签约有原创能力的自媒体账号或知名博主等，并对他们进行专业化、持续化的包装运营，最终实现商业变现。MCN 机构则是指运作这些自媒体账号的公司或组织。

- 视频生活日志

近两年来随着短视频的发展，视频生活日志（Video Blog，Vlog）。渐渐成为一种新型的社交方式，用户通过视频记录、分享自己的生活，并与关注者沟通。

- 用户原创内容

用户原创内容（User Generated Content，UGC），是指由用户生产，并在用户间消费传播的互联网信息形态。作为用户参与互联网的新方式，UGC 标志着用户由以前的浏览者变为互联网内容的创造者。

- 专业生产内容

专业生产内容（Professionally Generated Content，PGC），是指互联网信息由专业的团队或行业专家生产，保证了内容的专业性和规范性。

一个互联网平台可以同时包含 UGC 和 PGC 两种形式。比如微博平台的视频内容，既有用户自发生产传播的 UGC，也有专业化团队生产的 PGC。

- 关键绩效指标

关键绩效指标（Key Performance Indicator，KPI），是用于对工作人员的工作绩效进行考核的一组指标。新媒体运营人员在工作之初应确立 KPI，然后瞄准 KPI 执行工作，以保证 KPI 的完成。

- 投资回报率

投资回报率（Return On Investment，ROI），是指企业从一项商业活动的投资中得到的经济回报。新媒体 ROI 通常指投入产出比和转化率。

1.2 新媒体的特点

1.2.1 新媒体的发展趋势

新媒体是处于不断发展中的媒体，新媒体的"新"注定其要不断迭代。新媒体与传统媒体相比有明确的特点和属性，目前新媒体呈现出以下发展趋势。

1. 去中心化

在新媒体时代，媒体平台多样化，生产媒体信息的人员也多样化，信息分发由平台直接完成，改变了传统媒体自上而下的传播方式，因此新媒体有去中心化的特点。

2. 移动化

互联网已经从 PC 端时代进入到了移动端时代，目前，微博、微信等新媒体平台的用户也主要集中在移动端，因此，新媒体不管是在平台选择上，还是在用户依赖上，都呈现出了移动化的特点。

3. 全民化

新媒体在发展之初，就呈现出了年轻化的特点。新媒体平台的核心用户以年轻的互联网用户为主。发展到现阶段，各年龄段互联网用户都参与到了新媒体信息的生产和传播中，新媒体已呈现出全民化的特点。

4. 融媒体化

新媒体发展到现阶段，除了与传统媒体有区别之外，还体现出了融合传统媒体的特点。新媒体不仅要发展自己的新，还要借助传统媒体的优势，在内容上和平台上与传统媒体进行融合。

5. 矩阵化

新媒体的去中心化特点，使其在内容和平台上变得更加多样化。企业及组织为了充分发挥新媒体的传播作用，在新媒体的运营规划上，呈现出了矩阵化的特点。企业通过建立账号传播矩阵，进行有规划的内容运营，实现新媒体传播效果的最大化。

1.2.2 新媒体的内容特点

新媒体自身的传播特性及行业特性，对新媒体的内容提出了更高的要求。在目前的传播环境下，新媒体内容具备以下特点。

1. 娱乐化

娱乐化既是新媒体的时代特性，又是新媒体的内容特性。新媒体顺应时势，以偏重娱乐化的内容接触用户，获得了用户青睐。

2. 社交化

"无社交、不营销"，社交化营销是当前的营销趋势。新媒体依托最新的社交平台进行传播，天生具有社交的基因。新媒体内容包含社交属性，追求与用户进行互动、沟通、传播。社交化是当前新媒体内容的核心特点。

3. 碎片化

当今时代，用户对所有内容的消费都呈现出了碎片化的特点。新媒体内容也应遵循碎片化的趋势，具备短、平、快的特点，"多次、少量"地供用户快速消费，并对用户进行持续供给。

4. UGC 化

在目前的互联网发展阶段，用户已深入参与到了互联网信息的建设中，创造能力及积极性都在不断提高。新媒体内容也呈现出 UGC 化的特点，用户参与新媒体内容的创作，对提高信息的传播和提升用户的黏性都具有较好的效果。

5. 视频化

短视频正在成为内容消费的趋势和主流。在传播上，内容营销也呈现出了视频化的特点。以视频化的新媒体内容与用户接触，能提高内容的传播效率和质量。

6. 优质化

在"渠道为王"的时代，有渠道即可占领信息传播高地。在"内容为王"的时代，信息变得多样化、渠道变得分散且透明，只有拥有优质的内容才能在竞争中胜出。新媒体应该遵循优质化的特点，重视高质量内容的生产。

 # 1.3 新媒体行业的职业发展

1.3.1 新媒体运营人才成长路径

新媒体行业是处于不断发展中的新兴行业，从业人员只有了解职业发展前景和不同方向的发展特点，才能获得良好的职业发展。根据成长路径的不同，新媒体运营人才主要分为以下 3 种类型。

1. 职业型人才

职业型人才是岗位的"职业经理人"，以专业技能和管理能力胜任岗位，并在职场中不断获得晋升。职业型人才的成长路径通常与公司岗位晋升对应，由初级专员成长为主管经理，再由主管经理晋升为总监高管等。比如由微博运营专员成长为新媒体运营经理，再晋升为运营总监或首席营销官。

职业型人才要求"一专多能"，既需要在某一专业方向达到专家水平，又需要有较广泛的知识储备，在出色完成本职工作的同时，能从更宏观的视角察看全局工作。职业型人才是"技能+管理"的综合型人才，在职业初期以技能优势在工作中胜出，获得晋升后成为公司管理者。因此职业型人才既需要有专业技能特长，又需要在实践中不断提高管理能力，以便实现自身与不同级别岗位的匹配。

2. 技能型人才

技能型人才是所属领域的技术专家，以出类拔萃的技术能力胜任岗位。技能型人才的成长路径不是依靠岗位的晋升，而是依靠不可或缺的技术实力获得薪酬和级别的提升。比如顶尖的文案创意人员，依靠撰写文案、打造创意即可实现在职场的长久良好发展。

技能型人才的特点是"专精一门"，在自身专业领域达到业内顶尖水平，并成为公司或行业不可或缺的人才，自身专业实力是其在职场的最大竞争优势。技能型人才是实践者和研究者，因个人特质和个人选择的不同，不一定在职场中成为管理者，属于重技术、轻管理的人才类型。

3. 创业型人才

创业型人才是具有产品能力、市场能力的创客。创业型人才的成长路径，并不是走传统的职场发展道路，而是成为创业者，自己生产、经营、销售产品，完成商业转化。比如自己运营公众号成为自媒体，再依靠平台分成或接广告实现盈利。

创业型人才是"一专多能、全面发展"的综合型人才，既要在所属领域有独特的专长，又要具备挖掘客户、开拓市场的能力。创业型人才的工作内容在初期偏重实战，在成功后则偏重企业管理。创业型人才的工作方式较自由，运营得当将有良好收益，但要面临残酷的竞争压力和失败的高风险。

不同的人才有不同的成长路径。根据自身优势和个人特质的不同，可以选择不同的职业发展路径。但不论成为何种人才，不论选择什么样的职业发展路径，都需要具备过硬的专业能力，这是职业发展的基础。

1.3.2 新媒体人才必备职业能力

新媒体运营工作虽然分工不同、岗位不同，但从整个行业来说，新媒体运营人员必备的职业能力却具有共性。

1. 必备职业技能

职业技能是完成工作的基础，只有具备了必要的职业技能，才能获得相应的工作机会。与新媒体工作相关的必备职业技能主要有以下 8 项。

（1）编辑能力

编辑能力是新媒体运营人员的基础能力，包括对文章进行搜集、撰写、排版、发布和传播等，新媒体运营人员在工作中主要负责对微信公众号等平台进行内容编辑和更新运营。

（2）文案能力

文案是一切传播的基础。文案能力既是基础技能，又是核心的职场竞争力，包括广告文案、宣传文案、自媒体文章、新闻、软文等各类文案的撰写能力。

（3）策划能力

策划主要指活动策划和创意策划。策划能力既需要有好的创意想法，又需要有一定的执行力，新媒体运营工作的策划通常与执行同步进行，所以策划能力是创意展示、活动管理和执行能力的综合要求。

（4）平台运营能力

平台运营能力是从新媒体平台的角度对运营人员提出的能力要求，比如对微博、微信、抖音等平台的运营，要求运营者熟悉平台规则，善于利用平台规则进行运营。平台运营能力既要求运营者能保证平台的正常运转，又要求运营者能实现平台运营数据的良好增长。

（5）用户增长能力

用户增长能力是从用户角度出发，以结果为导向对运营者的能力要求。用户增长能力是以用户运营能力为核心，要求运营者同时具备内容生产、活动策划与执行、平台运营、数据分析等能力。

（6）渠道拓展能力

渠道拓展能力是指运营人员的对外合作能力，包括对新媒体投放渠道的积累，比如知名博主资源、软文发布资源等，同时包括对外的商务合作能力。

（7）数据分析能力

数据分析既包括对日常用户增长的数据分析，又包括对内容传播效果的分析。运营人员应该从日常的运营数据中总结出运营经验，并不断优化提升。同时，运营人员还应该对大型活动及行业案例进行全网数据分析，总结出事件传播的效果和规律，用数据指导自身工作。

（8）图片设计等其他动手能力

新媒体运营人员还应具备基本的图片设计等技能，以满足微博、公众号、宣传海报等日常配图的需求。

2. 必备职业素质

职业技能是完成工作的基础，职业素质则是工作质量的保证。只有具备良好的职业素质，才能保证工作内容被高质量地完成。与新媒体相关的职业素质主要包括以下5种。

（1）执行能力

运营工作事无巨细，需要运营人员有足够的规划管理和执行能力。优秀的执行能力能保证运营工作执行到位，从而实现运营效果。执行能力是运营能力的基础保证。

（2）沟通能力

新媒体运营人员应该具备良好的沟通能力，既能维持与用户的良好沟通，维护好关注者及用户的关系，又能在工作中与同事保持顺畅沟通，使工作协同达到最佳效果。

（3）审美能力

审美能力既是个人的综合能力，又是新媒体工作的职业素质要求。新媒体运营人员需要具备基本的审美，使产出的内容质量达标，能满足用户的消费需求，能引导用户互动并传播。审美能力是运营内容质量的基础保证。

（4）创意能力

创意包含内容产出创意和活动创意两大类。新媒体运营人员需要思维活跃，能紧跟热点趋势，进行热门话题的创意发散，产出优质的创意内容，同时还需要在运营过程中，策划出有创意的活动，让用户积极主动地参与。

（5）抗压能力

新媒体运营工作任务多、变化多，运营人员需要具备一定的抗压能力，才能胜任新媒体运营工作的挑战。运营人员要时刻保持高执行力，时刻精益求精，才能胜任新媒体运营工作。

以上五种职业素质是新媒体运营人员必须具备的，也是新媒体运营人员的底蕴，可以保证新媒体运营工作高效、高质量地完成。新媒体运营人员除了依靠职业技能完成工作外，还要通过这些"看不见的能力"让工作完成得更出色。

3. 必备综合提升能力

综合提升能力是个人职业发展的助推器，只有具备了综合提升能力，才能实现个人在职场的持续发展。综合提升能力主要有以下3大类型。

（1）自我管理能力

自我管理能力主要包含时间管理、学习管理、情绪管理。

时间管理是执行力的保证。时间管理要求新媒体运营人员具备较强的自制力和良好的工作生活习惯。

学习管理是个人能力提升的保证。学习管理一方面要在工作中积累实践经验，另一方面要主动进行培训学习及知识进修，让自身的专业知识储备不断提升。

情绪管理是沟通合作的保证。不论面对何种工作，不论在何种场景下与何人进行工作沟通，都应保持理性、积极的健康情绪，要学会管理及发泄工作的压力及负面情绪。

（2）团队管理能力

团队管理能力是个人职业能力的一种提升。

团队管理能力的第 1 项能力是工作管理能力：既要管理好自己的本职工作，又要对团队成员进行合理的工作规划和分配，并监督团队成员高质量地完成工作。

团队管理能力的第 2 项能力是人员管理能力：不仅要安排工作并监督执行，还要管好团队的工作氛围和凝聚力。

（3）自我意识能力

自我意识能力指基本的自我关照和反省能力，主要包括职业意识、利他意识和自我实现意识 3 种。

职业意识包括专业精神和敬业精神两种。利他意识是指在团队合作中要尊重同事意见，在工作中要思考如何为公司创造价值，在对外合作中要考虑合作伙伴的需求和利益。自我实现意识是指明白自己想成为什么样的人，明确自己的职场规划。

新媒体运营人才必备职业能力，既有新媒体行业的特色能力，也有职场人必备的综合能力。从必备技能到职业素养，再到综合提升能力，对人的要求是逐步提高的。

1.3.3 新媒体行业发展前景

新媒体行业属于营销行业，是随着互联网及社交媒体而发展起来的新兴行业。作为一种职业发展新方向，新媒体行业以后会有怎样的发展前景呢？

1. 整体行业前景

目前的企业营销趋势和互联网的社交化传播趋势，使得新媒体不再只是一种传播类型，而是正在逐渐成为主流的、融合的营销传播方式。

（1）新媒体在行业规模上不断扩大

最初的新媒体是相对电视、广播等传统媒体来说的一种新的传播形式和平台。在目前的网络语境中，新媒体指最新的社交化、内容化的传播方式，包括所有互联网化的新的平台和新的传播方式。

（2）新媒体在覆盖范围上不断拓展

随着互联网行业的深入发展，新媒体逐渐从互联网公司拓展到传统企业甚至是各类宣传单位，并由一线城市逐渐拓展到二三线城市甚至乡镇。

2. 行业发展趋势

新媒体行业是营销传播行业的一个分支。了解营销传播行业的发展趋势，可以明确新媒体的发展前景。目前营销传播行业具有以下行业趋势。

（1）多平台化

随着互联网的深入发展，互联网平台变得更加多样化，目前营销传播行业体现出从单一平台向多平台变化的特点。

（2）内容化

在传统媒体和初级互联网时代，营销传播行业处在"流量为王"的时代，但目前营销传播行业已进入了"内容为王"的时代。

（3）融媒体化

互联网的深入发展，让互联网平台不再一家独大，流量变得分散。同时线上触顶之后，营销又呈现出了从线下获取用户的趋势。因此可以说营销传播行业呈现出了融媒体的发展趋势，其不仅要融合多种媒体形式，还要融合线上和线下。

（4）个人化

随着自媒体的发展，内容传播呈现出由知名博主生产和传播的趋势，个人自媒体分流了一部分专业机构的传播任务，营销传播的个人化趋势开始呈现。

多平台化、内容化、融媒体化和个人化既是营销传播行业的发展趋势，也是新媒体行业的发展特点。综上所述，不论是行业规模、覆盖范围还是发展趋势，新媒体都处于蓬勃发展阶段，具备广阔的发展前景。

 ## 本章小结

本章主要介绍新媒体的基础知识，从互联网发展的角度梳理了网络营销的发展阶段，讲解了新媒体的发展趋势和新媒体运营的相关特点。读者应该掌握新媒体的基础概念，了解行业发展特点和时代发展趋势，以更清晰的认知进入新媒体行业。从目前的发展趋势来看，新媒体在传播领域正发挥着越来越重要的作用，是一个有着广阔前景的行业。

 ## 练习题

1. 针对互联网的 3 个发展阶段，列举 3 款有时代特色的互联网产品，并分析其特点。

2. 根据新媒体的职业能力要求，结合自身特长，规划自己的职业发展方向，明确自己应该提高哪些能力。

第2章
新媒体文案

学习目标

正确认识文案，了解文案的价值，掌握新媒体文案的创作思路和撰写方法。学会广告文案、活动通知、朋友圈文案、自媒体文章、软文、企业新闻的撰写。

本章重点

文案创作是严谨的分析和创意推演过程，在这个过程中如何进行产品分析，明确核心卖点，并结合用户进行卖点和需求点的提炼至关重要。本章将引领读者按照科学的思路和严谨的方法去掌握新媒体文案的创意思路，讲解如何进行产品分析和用户需求分析，如何针对不同的使用场景，撰写不同内容形式和风格的各类文案。本章重点讲解新媒体文案的创作步骤和创作技巧。

2.1 新媒体文案基础

2.1.1 什么是文案

文案是什么？按《说文解字》的解释，文案指放书的桌子，现在通指与文字创作相关的工作内容或从事文字工作的岗位。

最初的文案岗位，特指"广告文案"，由英文"copy writer"翻译而来。随着企业分工的细化和传播要求的提高，很多企业都有了专职的文案人员，专门负责撰写企业文案。

在新媒体运营的日常工作中，撰写文案是 1 项基本且重要的工作。文案是一切内容传播的基石，不管是发布微博、公众号文章、通知，还是活动策划、邮件、海报、视频，都包含了文案的工作内容。

2.1.2 撰写文案的正确方法

在正式介绍文案之前，读者首先要对撰写文案有一个正确的了解，以免产生错误的认知，影响学习效果。

1. 撰写文案是一项技术工作

很多不了解文案或者初次接触文案写作的人，会认为自己没有写文章的天赋，没有灵感。在企业工作中，如果你也认为写文案是靠天赋、靠灵感，那就是大错特错。文案工作跟数学、编程一样，也是 1 项技术工作，同样需要按照科学的方法和步骤进行"演绎"。

虽然文案有好坏和对错之分，但科学的文案先讲对错，再讲好坏。关于"对错"有科学的判定依据，"好坏"的判定则因个人品位不同而有差异。好的文案来自于正确的方法和个人内在沉淀的输出，沉淀因人而不同，但正确的方法却人人无异。

2. 撰写文案就像学习功夫

如果把写文案比作练功夫，那么文案的创作技巧就好比功夫的招式。武林高手不仅要会招式，还要有内功。正所谓招式易学，内功难练。

文案的内功就是个人的内在积累。平日里多看优秀的文案，多看与文案有关的书籍，多看各类文学作品，并尝试各种类型的文案写作，都是在提升自身的内功。正所谓"汝果欲学诗，功夫在诗外。"

3. 撰写文案就像健身

写文案就像健身，最初写文案时也许思绪乱如麻，非常痛苦，但坚持挺过最初的痛苦期，就会慢慢变得有思路、有方法、有成果。

2.1.3 企业应用的 3 种新媒体文案类型

在企业日常工作中，新媒体运营人员可能会接触到的写作任务有：发布日常的微博、公众号文章、自媒体文章、活动策划文案、官网活动推送、朋友圈文案、社群运营的活动通知、吸引力标题、活动创意主题、产品介绍、软文、新闻等，可以说所有跟文字有关的工作，都是新媒体运营人员的工作范畴。

根据企业应用场景，可以把文案分为以下 3 种类型。

（1）一句话文案

在企业日常工作中，一句话文案的主要应用场景有：吸引力标题、活动主题、海报主题、宣传口号、公司 Slogan、一句话广告等。尽管使用场景不同，但一句话文案发挥的作用基本相同，就是以精炼的一句话瞬间吸引用户的注意力，并促使用户做出决策。

（2）一段话文案

在企业日常工作中，一段话文案的主要应用场景有：产品介绍、公司人员介绍、活动通知、短信、邮件、群公告、微博、朋友圈文案等。

（3）一篇文章

在企业日常工作中，一篇文章的主要应用场景有：公众号文案、新闻、软文、自媒体文章等。

2.2　一句话文案

2.2.1　一句话广告文案

广告文案是我们日常生活中接触最多的文案类型。每天在电视上、网络上都会出现各个品牌的广告文案。一句好的广告文案是"一字值千金"的。下面列出了一些广泛流传且被业内公认为优秀的一句话广告文案，并分析、总结了一句话广告文案的写作技巧。

1. 一句话经典广告文案

➢ 怕上火，喝王老吉。
➢ 今年过节不收礼，收礼只收脑白金。
➢ 我们不生产水，我们是大自然的搬运工。
➢ 钻石恒久远，一颗永流传。
➢ 车到山前必有路，有路必有丰田车。
➢ 上天猫，就购了。
➢ 全球第 2 好用的手机。
➢ 恒源祥，羊羊羊。
➢ 饿了别叫妈，叫饿了么。
➢ 充电 5 分钟，通话 2 小时。
➢ 香飘飘奶茶 1 年售出 7 亿多杯，杯子连起来可以绕地球 2 圈。
➢ 漂亮得不像实力派。
➢ 好空调，格力造。
➢ 不是所有牛奶，都叫特仑苏。
➢ 要想皮肤好，早晚用大宝。
➢ 再看，再看就把你喝掉。
➢ 给电脑一颗奔腾的"芯"。

> 人类失去联想，世界将会怎样。
> 把 1000 首歌装进口袋。
> 没人上街，不一定没人逛街。
> 学琴的孩子不会变坏。
> 自律给我自由。
> 弹指间，心无间。

2. 广告文案创作技巧

下面以归纳总结的方式，挖掘出撰写优秀广告文案所使用的创作技巧。

（1）修辞手法

在广告创作中，往往要用精炼独特的语句表达出丰富且贴切的意义，使用修辞的手法至关重要。

① 押韵、对偶

> 好空调，格力造。
> 恒源祥，羊羊羊。
> 要想皮肤好，早晚用大宝。

以上 3 句文案的共同特点是尾字押韵，读起来朗朗上口。并且前后句字数相同，形成对偶的感觉（不是真正的对偶）。押韵、对偶是常见的广告文案创作技巧，符合中国人的阅读习惯。需要注意的是，押韵、对偶是两种创作手法，可以单独使用，比如"今年过节不收礼，收礼只收脑白金"就只对偶，不押韵。

② 比喻、拟人

> 我们不生产水，我们是大自然的搬运工。
> 再看，再看就把你喝掉。
> 给电脑一颗奔腾的"芯"。

比喻和拟人是写作中常见的两种修辞手法，也是广告创作中常用的创作技巧。通过比喻或者拟人，能够把抽象化、概念化的表达形象化、具体化，以更丰富的形象让表达更易懂、更有趣，更方便用户理解和接受。在广告文案创作中，如果需要传达的理念太过教条或理性，不妨进行比喻化或者拟人化的表达，这样能以更具亲和力的方式将产品呈现给用户。

③ 谐音、双关

> 上天猫，就购了。
> 人类失去联想，世界将会怎样。
> 给电脑一颗奔腾的"芯"。

"上天猫，就购了"一语双关地表达出上天猫不仅能购物，而且上天猫"就够了"，简单一句话，就把天猫的平台价值和行业领导者地位表现了出来。联想利用自己的品牌和"联想"的字面意思进行结合创作，突出联想的重要性。

"芯"谐音同"心"，形容词"奔腾"双关"奔腾"品牌。一句拟人化的表达，把电脑的芯片比喻成人类的心脏，形象地突出了奔腾芯片的强大。需要注意的是，谐音和双关是两种表达技巧，一般谐音都有双关的作用，但双关不一定谐音。

④ 重复顶真

➤ 饿了别叫妈，叫饿了么。

➤ 今年过节不收礼，收礼只收脑白金。

➤ 车到山前必有路，有路必有丰田车。

重复是前后两句使用相同的词，顶真是前一句的结尾和后一句的开头使用相同的字或词。重复和顶真能够通过词语的重复，使语感更连贯、语义更丰富。

（2）善用数字

➤ 充电 5 分钟，通话 2 小时。

➤ 香飘飘奶茶 1 年售出 7 亿多杯，杯子连起来可以绕地球 2 圈。

➤ 把 1000 首歌装进口袋。

善用数字表达是各种文案创作通用的技巧。数字的量化陈述，能够使宏观的、不具体的概念变得具体、可感知。"我们的手机充电快，续航时间长。"这样的描述用户是无感的。充电 5 分钟，通话 2 小时，是用户可以感受到的。而且 5 分钟和 2 小时的反差对比，更增加了用户对充电时间短、通话时间长的感受。

7 亿不是具体的量化核心，绕地球 2 圈才是增强用户感受的量化指标。把 7 亿的宏观概念用绕地球 2 圈替换，是很好的加强用户感知的表达。

1000 首歌是很多的，用户是有感的，明确地告诉用户我们的播放器能够存储你所有的歌。而且装进口袋是一种日常的生活场景，更能引起用户的共鸣。

（3）进行否定

➤ 我们不生产水，我们是大自然的搬运工。

➤ 漂亮得不像实力派。

➤ 没人上街，不一定没人逛街。

这 3 句文案的共同特点是都使用了否定的表达技巧。农夫山泉使用否定让用户参与到思考中，起到了吸引用户注意力的作用。

漂亮的实力派本身已经是很好的文案了，但"漂亮得不像实力派"通过否定的表达，加强了漂亮的感受，让这句文案更有情绪。

"不一定没人逛街"也是使用否定启发用户思考，表达人们都在淘宝购物的自信。否定句的情绪化，能让广告更有感染力，在吸引用户的同时击中用户。

（4）反差、对比

➤ 充电 5 分钟，通话 2 小时。

➤ 自律给我自由。

➤ 弹指间，心无间。

5 分钟对比 2 小时，强烈的反差突出了充电时间短但通话时间长的特点。自律对比自由，让用户感受到有自律才能有自由的顺承逻辑。弹指间对比心无间，以一种因果关系营造出时间感、空间感。

一句广告文案前后两句使用相似的句式或词进行对比，能够营造出反差感或者形成逻辑关系。反差和对比能让一句简单的话更有张力，这种张力能够增加对用户的说服力，从而让广告产生更好的效果。

使用反差、对比的创作技巧，需要首先挖掘出产品的作用导致的结果，再把作用和结果用相近或相反的词进行对应创作。

（5）营造陌生

➤ 全球第 2 好用的手机。

➤ 不是所有牛奶，都叫特仑苏。

锤子科技不走寻常路，称自己是全球第 2，瞬间就吸引了用户的注意力。

特仑苏一反常规，以 1 个牛奶行业不常见的否定句，彰显出自身的品牌高端性。

"癌症治愈吸烟"这句文案也异曲同工，以消费者陌生的思路来表达理念，出奇制胜。

所有的广告文案都应该打造陌生感。陌生代表着新奇，代表着对注意力的吸引。

（6）生活场景

➤ 怕上火，喝王老吉。

➤ 今年过节不收礼，收礼只收脑白金。

➤ 饿了别叫妈，叫饿了么。

以上 3 句文案有一个共同的特点：挖掘出了具体的生活场景——怕上火；过节送礼；妈，我饿了。

如何创作挖掘生活场景的广告呢？首先分析你的产品解决了用户的哪些需求，在所有需求中，跟产品最相关的就是产品的卖点，也是广告文案要表达的点。把卖点带入到用户的日常生活中，找到用户需求出现频率最高的场景，就可以把广告融入其中了。

营造生活场景的广告是贴近生活的，接地气的。在文案的写作上，要尽量用口语化、日常化的语言表达才能引起用户日常的共鸣，才能起到场景绑定产品的目的。

（7）洞察人性

➤ 钻石恒久远，一颗永流传。

➤ 学琴的孩子不会变坏。

以上 3 句文案的卖点诉求是什么？钻石是恒久远的，喝人头马是有好事会发生的，孩子弹琴是不会变坏的。这 3 款产品的卖点跟其自身的实用性、功能性完全无关。

一般的广告只能表达产品卖点，好的广告能结合用户需求，而经典广告则能创造需求。

以上 3 句文案，不仅能让用户第一眼见到时记得，更能击中用户内心而形成购买力。

如果创作只着眼于文案，那是只在表面做功夫，修炼的是文字表现形式。但洞察人性广告的创作方法是产品分析、用户分析，是对用户独特需求的洞察。一个产品的卖点有很多，用户需求也有很多，如何找到那个最有竞争力的卖点，以及用户最核心的需求，是写出能洞察人性文案的根本。

2.2.2 吸引力标题

在现今的碎片化时代，我们接触的信息纷繁多样。1 篇辛苦创作的文章，如果没有 1 个有吸引力的标题，将会被淹没在茫茫的信息流中。

如何撰写吸引力标题呢？我们通过分析大量高阅读量文章标题，提取出规律和共性，总结出 10 条吸引力标题创作技巧。

（1）使用数字

➢ 一生必去的 12 个人间仙境，你去过几个？

➢ 四大方法论，给你提供 10 种关注者数量增长方法。

使用数字的表达技巧，能够把不确定的内容具体化，当你写的标题没有吸引力时，不妨试着从文中提炼出数字，让数字为标题增加点击率。

（2）制造悬疑

➢ 高点击标题原来可以这样写，看到第 4 个我表示膜拜。

➢ 他是中国人的骄傲，只因他一辈子只做一件事。

如何在标题中制造悬疑呢？技巧是把文章的核心关键点提炼出来，可以是一个动作，或是一件不寻常的事。然后把这个动作或这件事陈述在标题中，但不描述结果，只表达结果的严峻或离奇性。

（3）有号召力

➢ 治疗颈椎病的 5 个动作，快分享给爸妈！

➢ 微信增加关注者的十大方法论梳理，收藏了！

➢ 想要六块腹肌，一点都不难，赶紧练起来吧！

号召性的表达技巧，能从潜意识里促进用户点击，或者点击后主动传播。我们在创作时，要注意区分，在宣扬一些正面的价值观，让用户做积极的改变时，可以进行号召。

（4）饱含情绪

➢ 世界上最浪漫的事，就是和妈妈一起变老！

➢ 太棒了！终于找到假期出行不再人山人海的方法了。

➢ 好想去！全世界最值得去的 10 大圣地，太美了！

人是感性的，特别容易被环境氛围所感染。饱含情绪的标题比平淡的标题情感更丰富，对提高用户转化有帮助作用。

（5）紧跟热点

➢ 七夕快到了，这里是给女朋友送礼物的温馨提醒。

➢ 父亲节，打开父亲的心结。

➢ 春节回家，可以这样回复长辈们的问候。

在文章选题时，就应该思考当下有什么热门话题值得借势。既可以从不同的角度去参与话题的讨论，也可以从热门事件开篇，然后切入到正题。

（6）名词背书

➢ 徐志摩的这 5 首诗，小众却唯美。

➢ 北京三里屯和成都太古里的 10 个魅力共同点。

➢ "中国大妈"教你什么是物联网和区块链。

这里的名词指的是知名的词汇，比如名人、明星、知名景点、热门术语等。标题中出现用户熟知的名词，能提高用户的心理期待。

使用名词背书和紧跟热点的区别是：热点是当下发生的热门事件，生命周期短暂；名词是长久以来形成的共同认知，知名度是持续的。

（7）善用疑问

➢ 行人闯红灯被撞，驾驶员应该负责任吗？

➢ 为什么90后男生都越来越不想结婚了？

➢ 怎么追曾经拒绝过自己的女生？

相比陈述句，疑问句能够启发用户思考，从而吸引用户点击获得答案。需要注意的是，疑问句跟制造悬疑是两种不同的技巧。制造悬疑是故意在标题中半遮半掩，通过悬念吸引用户点击；而疑问句是直接陈述主题，但通过问句的形式启发用户参与思考。

（8）反差对比

➢ 他每天喝可乐吃汉堡，体检结果却都基本正常。

➢ 男朋友说分手，我竟开心地笑了。

通过对比营造反差，能够增强标题的戏剧性和悬疑感。写作技巧是：把文章主题提炼成一句话，然后置换概念，更改表达方式。

（9）超出常识

➢ 初中毕业小伙做自媒体，月入超万元。

➢ 她是100个孩子的妈妈。

➢ 失去双腿的他，跑得比任何人都快。

从传播效果上来说，超出常识的独特稀缺信息，更容易在受众中实现高点击和高传播。

（10）利用人性

➢ 谢谢你爱我。

➢ 这4个动作每天坚持5分钟，一个月出现8块腹肌。

➢ 这种菜外表很丑，但长寿的人都在吃！

所有内容创作的根本，最后都要落实到对用户需求的洞察上。在标题创作中，我们的根本出发点是洞察人性，即从用户的本质需求出发，分析出你的这篇文章满足用户的何种需求。

上面介绍了10种吸引力标题创作技巧，也是提供了10条思路。拥有更广泛的思路，才能创作出更优秀的标题。在实际工作中，每一篇文章都可以先撰写3～5个标题，然后不断删减优化，选择一个最优秀的使用。

 ## 2.3 一段话文案

2.3.1 朋友圈文案

个人朋友圈文案写得好不好，决定着你的好友们是否留意、是否点赞。企业朋友圈文案写得好不好，决定着是否方便与用户沟通，是否方便助推传播公司活动。朋友圈文案如何写，是新媒体从业人员的一项日常且重要的工作。

本节从一个真实的朋友圈案例出发，介绍朋友圈文案的写作思路。朋友圈文案需求如图2.1所示。

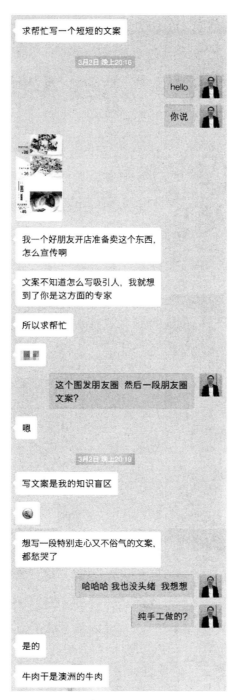

图 2.1｜朋友圈文案需求

　　"特别走心又不俗气"是本文案的核心需求点，但这样没有具体需求的文案反而更难写。图 2.2 所示为产品详情，需要从中了解产品并找到切入点。

　　为了"不俗气"，作者选择了 3 款名字稍显文艺的产品：蔓越莓牛轧酥、冻干榴莲、双莓云酪。但介绍美食，就要知道口感，对于不甚了解的双莓云酪，就需要向对方询问，这是详细了解产品的过程，如图 2.3 所示。

作者在经过一段时间的创作之后，产出了图 2.4 所示的初始文案。

图 2.2｜产品详情

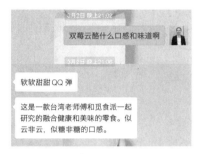

图 2.3｜了解产品对话

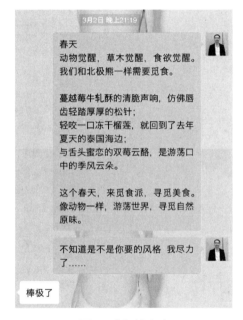

图 2.4｜初始文案

　　这段文案的写作思路是：说食物好吃，再多形容美味的词都是乏力的，要找到通感才能让用户感受至深。写食物好吃，可以用其他"美好"代替。

　　何种"美好"可以代替呢？需要进行用户分析。这段美食文案创作于 3 月初，正是美丽的春天，大家都想出去走走，可以营造用户去远方旅行的场景，来代替食物的美好。

　　接下来需要解决场景代入感问题。如何让场景成为场景，而不是关于去旅行的说教呢？这就需要有细节，细节能让故事更有画面感。

　　图 2.5 是甲方提出的新需求：增加牛肉干文案。最终文案如图 2.6 所示。

　　对整个创作过程稍做梳理，总结朋友圈文案撰写的思路如下：明确需求、了解产品、分析用户、洞察创意、构建场景、产出文案。

图 2.5 | 新的需求   图 2.6 | 最终文案

首先明确需求，了解甲方需求和朋友圈的使用场景；然后了解产品找到切入点，再分析用户，确定核心消费者画像及其痛点，从痛点切入完成创意发散，构建场景和故事展现创意；最后，添加细节让场景形象具体，让用户产生画面感。

2.3.2 活动通知

企业通常会通过官网公告、App 推送、用户群@全员、邮件短信群发等方式向用户发送活动通知，所以撰写高质量的活动通知便成为了新媒体运营人员必须掌握的一项基本技能。首先需要明确发送活动通知想要实现的目标。

一条活动通知通常是一段话或者两句简单的话，再配上一个链接。活动通知的撰写技巧可以总结为以下 4 点。

1. 文案要精炼

文案精炼是撰写所有文案的基本要求，但对活动通知来说，精炼更显得至关重要。因为用户看到活动通知时，并不会停留太多时间，必须在最短的时间内告诉用户你的吸引点是什么。

2. 吸引力前置

吸引力前置即把本次活动的最大吸引点放在开头部分，让用户在看到通知的瞬间就被"诱饵钓上钩"。用户经常会收到很多营销推送，对用户来说，这些推送都是干扰信息，所以在文案的开始，吸引到用户至关重要。

3. 诱惑力足够

在策划活动或者撰写文案时，要把吸引点描述得足够有诱惑力。让诱惑力足够有两种方式，一种是在活动策划时增加投入，另一种是在文案表达时采用具体描述的技巧。

4. 链接有动力

在用户点击链接时，要再次突出吸引点，告诉用户点击链接的好处，而且这种好处是为了得到前面突出的吸引点。通过再次突出吸引点让用户点击，是提高活动链接点击率的主要方式。

下面通过一个具体的活动案例，来展示一条活动通知的撰写过程。

案例链接：

马上双十一了，公司计划在双十一开展打折促销活动，所有秋季新款男装都限时 24 小时打 5 折，同时对于当天下单的用户，还能参与抽奖，奖品有 1 台 iPhone X 、3 台小米手机、5 台 Kindle 阅读器、10 位免单特权等，购买和参与抽奖的地址：http://www……

撰写的活动通知可以是：

【5 折还送 iPhone X】双十一新款男装 5 折，下单还有免单特权，另送 iPhone X、小米手机等，人人有奖参与地址：http://www……

从文案中可以看出，内容足够精炼，只突出吸引点、活动规则等内容。"5 折还送 iPhone X"是这个活动的最大吸引点，为了以最快速度抓住用户的注意力，把这部分核心内容提炼出来并加以前置，第一时间让用户看到。

同时，为了让用户有足够的动力点击链接，文案使用的是"人人有奖参与"。在具体策划活动时，为了吸引尽可能多的用户参与活动，可以设置一些低成本小奖，既能扩大受众范围，转化尽可能多的用户，也方便当成宣传点。以上案例只是一个特别普通的案例，在实际工作中，还应注意在文案中带入品牌，让信息更可信，同时注意增加活动创意。

2.4 一篇文章

2.4.1 自媒体文章

自媒体是目前最火的一个内容创作领域，撰写自媒体文章也成为了新媒体运营人员乃至企业和市场的一种硬性需求。

自媒体文章具有强目标性——更多的阅读和转发。为了实现这个目标，就需要选择尽可能广泛的受众关注热点和大众话题。在撰写上，则需要把文章打造成可读性强的快消品。以下总结了有关自媒体文章写作的几个技巧。

1. 讲故事别讲道理

讲道理是写作自媒体文章的大忌。要想吸引用户注意力，让用户愿意读，就要把空洞的道理以案例或者故事的方式讲述出来。

2. 开篇通过案例引出主题

开篇通过案例引出主题是一种最常用的文章撰写技巧，其能够瞬间抓住用户的眼睛。先通过一个案例引出话题，然后一二三四五六七……分别讲述一个个故事，把自己要表达的观点潜藏在故事中一一表达出来，最后再进行简单总结。

3. 用细节增强真实性

如果想让文章更具可读性和说服力，就要通过细节增强故事的真实性。在写作自媒体文章时，要描述故事的细节，使故事生动形象。故事可以是真的或者假的，但细节的营造能让故事本身更真实。

4. 趣味性贯穿全篇

将趣味性贯穿全篇，是提升文章阅读完成率和用户黏性的法宝之一。首先，要搜集独特有吸引力的故事去讲述；其次，在讲述故事时，要把故事的核心场景、故事的紧张感和矛盾冲突描述得清晰独特，把人物的情感用情绪化的语言表达出来。对于与主题无关的情节，则能省则省。

5. 总分总结构

大部分文章在结构上都是采用总分总结构的，这是文章结构的基本类型，也是最符合用户阅读习惯的写作方式。对于自媒体文章，更应该符合总分总结构，在开篇引出话题，中间阐述故事，最后进行总结。

2.4.2 软文

软文指企业在各个平台投放的软性广告。狭义的软文仅指软性广告文章，而广义的软文并不局限于文章，还包含电视、广播、视频等形式的软性广告，本节讲述的是狭义的软文。

软文能实现的企业营销目标是灵活且多样的。一方面，软文能够实现企业品牌曝光；另一方面，以用户视角撰写软文，能够实现口碑传播，以行业专家身份撰写软文，能够建立消费者信任。软文还能投放在自媒体账号上，实现口碑和销量的同步转化。

在目前的网络环境中，有 5 种常见的软文类型。

1. 资讯传播型

资讯传播型软文较传统、较"硬"，通常以媒体报道、新闻发布、个人专访的形式出现，发布在行业媒体和杂志上。撰写这类软文的核心是，以新闻资讯的形式落笔，表面做到独立客观报道，实则隐性植入企业正面信息。

2. 神转折型

神转折型软文是随着自媒体的发展而兴起的一种品牌曝光型软文类型，常见于一些有原创能力的自媒体上。这些自媒体往往有高阅读量，有大量忠诚关注者，同时作者又有文章原创能力。企业为了实现品牌推广，自媒体为了实现盈利，二者就合作进行品牌投放——在自媒体账号上推送带广告的文章。

自媒体作者创作出既有趣又具可读性的故事，在故事的最高潮部分植入广告，让沉浸剧情的用户猝不及防看到广告。这就是神转折型软文的形式。

神转折型软文的弊端是，用户更多关注的是神转折本身，而非广告。

3. 曝光植入型

曝光植入型软文是企业为了实现品牌曝光，投放目的较单纯、广告内容较含蓄的一种软文类型。通常品牌以案例的形式植入文章之中。

需要注意的是，曝光植入型软文通常只是进行单纯的曝光，并不一定能够传达品牌理念。在创作这类软文时，文章立意之初就应当把文章主题和植入品牌进行结合，这一方面可实现植入自然，另一方面以印证主题的形式传播品牌理念或产品特色，可使软文为企业创造更大的营销价值。

4. 干货分享型

干货分享是最常见的软文类型，通常以分享某种经验、总结某种"干货"的形式进行品牌植入。干货分享型软文成功的关键，首先要有"干货"以让用户获得有价值的信息，其次要在文章中后部植入品牌信息。

比如一篇名为"如何高效快速学习新媒体运营"的干货型软文，会讲述 10 种学习新媒体运营的方法，前 9 种方法都是"干货"和技巧，但第 10 种方法是：跟着祁较瘦的《新媒体运营实战手册》进行系统化学习，然后写一段本书优势的介绍，让用户相信这本书是值得购买的，是介绍高效学习新媒体运营方法的。

干货分享型软文的目的就是进行品牌植入，前面分享的干货都是铺垫，真正的核心是最后的植入。如果"如何高效快速学习新媒体运营"是祁较瘦的一位关注者写的，他确实认为最有效的学习新媒体运营的方法是购买祁较瘦的书，且他写这篇软文的目的就是免费分享学习经验。虽然内容不变，但这篇文章就不再是软文，而是一篇有祁较瘦口碑的"干货"文章。

撰写干货分享型软文的技巧是，自己创作或从网络搜集某一主题的"干货"进行梳理加工并植入广告信息即可。这类软文撰写难度较小，可快速批量完成，适合发布在用户访问量大或收录好的平台。

5. 个人故事型

以分享个人经历的方式在故事中植入广告，是软文的常见类型之一。个人故事型软文的特点是：作者首先分享曾经困惑自己的经历，这种经历是目标受众也有同感的；然后在解决作者困惑的过程中，某产品起到了非常重要的作用，进而自然地完成植入。

个人故事型软文往往故事性较强，充满可读性，因此广告植入效果好，是一种较高级的软文类型。

比如《如果能遇到25岁的自己，这是我给自己最好的建议》这篇文章，作者在文中讲述了自己从小到大，因注意力不集中和拖延症而导致的自我厌弃的痛苦经历。

后来逐渐了解自己，并通过基因检测发现不是自己主观意识的拖延，而是基因缺陷。从而刷新自我认知，重新看待发生在自己身上的行为。引出每个人都应该更好地认识自己这个话题，最后向大家介绍基因检测的产品及与自己的渊源，完成广告植入。

这篇软文的特点是看到最后明知道是广告却一点也不反感，而且会有强烈的要做基因检测的冲动。原因有以下 5 点。

（1）品牌背书

作者作为知名媒体人，不管是在专业建树上，还是在人格魅力上，都是榜样。因此受众更加倾向于接受他推荐的产品。

（2）感同身受的痛点

作者所描述的自我否定的迷茫痛苦，每个人都有或多或少的类似经历。因此阅读本文有共鸣感。

（3）有细节的故事

作者从一张问答截图引出与父母及朋友片段式的回忆，以及通过朋友圈截图展示自己不会说话的案例，既有趣，又真实。有细节的故事会提升所讲内容的吸引力和真实性。

（4）广告植入自然

从开篇"对25岁的自己提建议"，到最后确定自己是"注意力缺陷障碍"，全篇都在循序渐进地进行自我剖析、自我了解，从而确立了"每个人都需要更加了解自己"这件事的重要性,而了解自己的方式是做基因检测。全篇从最初立意到引出广告,有清晰的逻辑和自然的过程,这是一篇优秀软文的核心。

(5)代言人的中立性

虽然在文章最后很直接地给基因检测打了广告,但作者并没有陷入主观,而是自始至终理性客观地陈述。让广告成为故事不可或缺的一部分,可以让广告的可信度增强。

上述 5 个原因同时也是一篇个人故事型软文的核心撰写技巧。

2.4.3 企业新闻

一些企业的新媒体运营人员隶属于品牌部或市场部,肩负着进行企业宣传的任务,自然要会撰写企业新闻。需要注意的是,这里的企业新闻并不是真正的新闻。严格意义上的新闻,是由记者采访并报道的具有传播价值的事件。但很多企业新闻只是企业有报道需求,对公众来说并不具备报道价值,且不会有记者主动来采访报道。但企业为了自身宣传的需要会邀请媒体或自行撰写新闻,然后发布到网络上。这样的新闻其实是企业宣传软文,只具有新闻的风格和特质而已。

1. 新闻的特点

首先,新闻一定要正式、独立、客观,这是新闻的最大价值,也是最重要的特质,但企业新闻难免有主观宣传之嫌。新闻需要在写作技巧上尽量保持客观,多使用数据展示结果,多使用严肃正式的词汇,把宣传性内容潜藏着表达出来。

其次,新闻需要保持第三方视角,是记者"我"在向公众"你"报道"他们"公司的事情。在撰写新闻时,不能出现"你、我、他"的称谓,记者要把自己隐藏在文章的背后,不能突出自己或出现自己,对于被报道的公司,要直接称呼公司名称。

最后,新闻还应结构完整。作为严肃的文体类型,新闻应符合最基本的总分总结构,在开篇描述时间、地点、人物和事件,中间陈述事件的过程,结尾进行总结。

2. 五段论新闻撰写方法

撰写新闻有什么高效快速的技巧?下面介绍作者总结的 5 段论新闻撰写方法。五段论新闻撰写方法能通过完整的结构和清晰的思路,对企业事件进行宏观、具体的描述,可以满足大多数企业的新闻报道需求,适合企业新媒体运营人员套用,快速写出符合宣传要求的软文型新闻。5 段论新闻撰写方法能让文章在满足总分总结构的同时,实现总中有分、分中有总,在内容上更丰富。

(1)第 1 段:时间地点人物事件

第 1 段作为开头,是精要的总述,只需要言简意赅地陈述出什么时间在哪儿发生了什么事即可。以《达外科技荣获 2020 中国互联网教育创新奖》为虚拟新闻事件,第 1 段可以写成:

2020 年 12 月 25 日,在北京中关村教育创新大厦召开了第五届互联网教育大会,达外科技荣获 2020 中国互联网教育创新奖。

(2)第 2 段:交代背景烘托事件

第 2 段交代背景,一方面是告诉读者事件的来龙去脉,另一方面是烘托事件。比如报道某公司获奖,可以写这个奖项由谁主办、什么目的、有什么重要性。所以第 2 段可以(虚构)写成:

互联网教育大会是由中国教育协会指导，由百讯互联网教育研究院主办，以探讨互联网教育技术、总结互联网教育成果为主旨的教育行业盛会。2020年第五届互联网教育大会共吸引来自互联网教育企业、教育培训机构、互联网教育相关产业园区、教育出版机构以及众多媒体的1000余人参加。本次大会以"互联网让教育更高效"为主题，探讨如何利用互联网技术提升教育效率。

（3）第3段：详细描述主题事件

主题事件即为新闻标题所描述的事件。简单来说，就是把一句话的新闻标题拓展成一段话。重点是紧紧围绕标题进行拓展，技巧是通过数据说话。

比如《达外科技荣获2020中国互联网教育创新奖》这篇新闻的第3段应该拓展成达外做了哪些事，取得了什么成就，致使它获奖。为了让描述显得客观，应该多列举数据，而且应该重点围绕"创新"二字，不偏离主题。第3段内容示例（虚构）如下：

达外科技在2020年进行了从产品到管理的互联网化变革，实现了26个产品线的纯在线运营，将教学效率提升3倍的同时让教学成本降低了57%。同时为保证在线教学质量，达外科技经过8个月探索，摸索出了一套"O2O三师模式"，在提升学员好评度的同时，打破了优质教育资源在时间和空间上的限制。达外科技的多项创新为教育行业贡献了互联网教育变革经验，因此，达外科技荣获2020中国互联网教育创新奖。

（4）第4段：找个案例侧面印证

找个案例就是从某个角度举例子，可以是任一相关角色的发言或某个机构的观点陈述，目的是通过这个案例验证第3段内容的可靠性。第4段的作用就是在细节上烘托第3段，为事件描述增加视角和丰富内涵。

比如达外科技获奖的新闻就是承接第3段，通过某个人的发言说明达外科技确实做了很多教育创新。这个人可以是学生、老师、公司高管、用人单位、行业领袖或者本次大会的评委。身份不重要，重要的是他与达外科技的相关性，以及需要站在自己的角度描述。第4段内容示例（虚构）如下：

达外科技教学副总裁吴奇仁表示："达外作为传统IT教育培训机构，在今年终于可以说自己是一家互联网公司了，我们的互联网教学效果也获得了用人企业和行业的认可。在今年，我们培养了30万在线学员，在线学习者的学习完成度和学习效果已经达到线下学员水平，但在学员数量和类别上，则远超线下。达外计划在明年实现学员数量的100%增长，重点为人工智能、大数据等行业输送更多人才。"

（5）第5段：总结事件提升主题

最后一段就两个关键点，一个是总结，一个是提升。总结是对前面内容的总结收尾，提升是围绕主题进行展望。承接以上，第5段内容示例（虚构）如下：

本次大会共在9个方向上评选出了23家优秀教育机构和组织，达外科技在教育创新、行业影响力等4个领域均有斩获。达外科技等获奖机构表示，将在本次大会主题的推动下，继续探索教育效率命题，互通行业经验，协作推进中国教育行业实现高速发展。

以上内容即是紧紧围绕5段论新闻写作方法虚构出的一篇软文型新闻。这样的新闻时常发布于网络上，实现企业品牌信息的收录和曝光。

只要按照5段论新闻写作方法落笔，每一段的每一句写什么都是确定的，写作者要做的只是对具体用词及细节字句进行推敲。这样写出的内容，结构清晰完整，每一段内容都会紧扣主题，能规范满足企业传播的需要。最后让我们再次完整梳理下这篇虚拟新闻。

达外科技荣获 2020 中国互联网教育创新奖

2020 年 12 月 25 日，在北京中关村教育创新大厦召开了第 5 届互联网教育大会，达外科技斩获 2020 中国互联网教育创新奖。

互联网教育大会是由中国教育协会指导，由百讯互联网教育研究院主办，以探讨互联网教育技术、总结互联网教育成果为主旨的教育行业盛会。2020 年第五届互联网教育大会共吸引来自互联网教育企业、教育培训机构、互联网教育相关产业园区、教育出版机构以及众多媒体的 1000 余人参加。本次大会以"互联网让教育更高效"为主题，探讨如何利用互联网技术提升教育效率。

达外科技在 2020 年进行了从产品到管理的互联网化变革，实现了 26 个产品线的纯在线运营，将教学效率提升 3 倍的同时让教学成本降低了 57%。同时为保证在线教学质量，达外科技经过 8 个月探索，摸索出了一套"O2O 三师模式"，在提升学员好评度的同时，打破了优质教育资源在时间和空间上的限制。达外科技的多项创新为教育行业贡献了互联网教育变革经验，因此，达外科技荣获 2020 中国互联网教育创新奖。

达外科技教学副总裁吴奇仁表示："达外作为传统 IT 教育培训机构，在今年终于可以说自己是一家互联网公司了，我们的互联网教学效果也获得了用人企业和行业的认可。在今年，我们培养了 30 万在线学员，在线学习者的学习完成度和学习效果已经达到线下学员水平，但在学员数量和类别上，则远超线下。达外计划在明年实现学员数量的 100%增长，重点为人工智能、大数据等行业输送更多人才。"

本次大会共在 9 个方向上评选出了 23 家优秀教育机构和组织，达外科技在教育创新、行业影响力等 4 个领域均有斩获。达外科技等获奖机构表示，将在本次大会主题的推动下，继续探索教育效率命题，互通行业经验，协作推进中国教育行业实现高速发展。

 ## 本章小结

本章根据企业实际应用场景，讲解了一句话广告文案、吸引力标题、朋友圈文案、活动通知、自媒体文章、软文、企业新闻的撰写方法和技巧，基本覆盖了企业应用的大部分场景。

不同类型的文案撰写有不同的创作方法，但大道至简，所有文案的创作基本都遵循相同的规律。希望读者能够活学活用，既能创作以上 7 种类型的文案，又能在创作其他类型的文案时，围绕文案创作的核心规律去变化、去推演，进而创作出优质的文案作品。

 ## 练习题

1. 为自己在工作或生活中接触到的某一品牌创作一条一句话广告文案。

2. 结合吸引力标题创作技巧和自媒体文案写作技巧，撰写一篇文章，并且在朋友圈、微信群、微博等平台进行传播，获取文章传播数据和阅读者评价。

3. 总结常规文案撰写的创作思路。

第 3 章

新媒体运营必备技能

学习目标

掌握新媒体图片、动图、二维码、H5 制作技能，掌握多屏直播互动的设置方法，了解常见的去水印工具和方法。

本章重点

本章介绍新媒体运营人员必备的基础技能，重点掌握图片制作和 H5 制作的技巧，能做出满足企业宣传需要的专业级图片素材和 H5 内容；同时学会动图制作、二维码制作和去水印的方法；最后，掌握多屏切换直播设置的技巧，满足企业直播工作的需要。

3.1 图片制作

新媒体运营人员要掌握基本的图片制作技能，以满足企业日常宣传的需要。常用的微博配图、微信封面图、宣传海报等基本宣传素材，在工作中不能总是交由设计人员制作，新媒体运营人员要能够独立完成其制作，以提升自身的综合能力。

新媒体运营人员要掌握专业图像处理软件 Photoshop 的基础操作，如抠图、去水印、制作透明背景图等。同时，新媒体运营人员还应掌握利用第三方图片工具制作常规新媒体宣传图片的技能。

目前应用较广泛的第三方图片制作工具有创客贴、懒设计等，新媒体运营人员可以利用这些工具，制作出专业的宣传海报、公众号头图、微博配图、宣传长图等图片素材。接下来以创客贴为例，讲解新媒体图片的制作技巧。

1. 了解创客贴

创客贴是功能丰富的第三方在线设计平台，能够快速、高效地制作出准专业级别的宣传素材。

如图 3.1 所示，创客贴提供了可应用于社交媒体等 6 类工作场景的近 60 种素材类型。用户可以根据自己的需要，选择对应素材，快速制作图片。

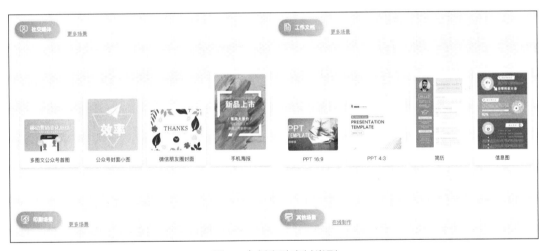

图 3.1 | 创客贴素材类型

创客贴提供了近 5 万个免费和付费模板，用户可以根据自己的产品特色和设计风格，选择匹配度最高的模板进行设计，以确保设计的贴合度。针对海报、公众号头图、PPT 制作等各种工作场景，创客贴中都有大量设计模板可以使用，如图 3.2 所示。

2. 核心场景

创客贴提供有以下与新媒体工作密切相关且可满足各种场景设计需要的新媒体素材。

（1）微信配图

如图 3.3 所示，创客贴提供了多种与微信相关的配图模板，如公众号封面首图、封面小图、模板二维码等。

图 3.2 | 适合不同场景的设计模板

图 3.3 | 微信配图模板

（2）印刷物料

创客贴提供了印刷海报、易拉宝、折页等近 50 种设计素材。印刷物料模板如图 3.4 所示。

图 3.4 | 印刷物料模板

（3）社交媒体

在社交媒体分类中，有邀请函、营销长图、Logo 设计等素材类型，可以满足新媒体的社交宣传需要。社交媒体模板如图 3.5 所示。

图 3.5｜社交媒体模板

（4）办公文档

在办公文档场景中，有简历、PPT、Word 模板等素材类型，可以满足日常办公设计的需要。办公文档模板如图 3.6 所示。

图 3.6｜办公文档模板

（5）淘宝电商

在淘宝电商场景中，有手机淘宝详情海报、主图直通车等素材类型，电商相关运营人员可以轻松便捷使用之。电商场景配图如图 3.7 所示。

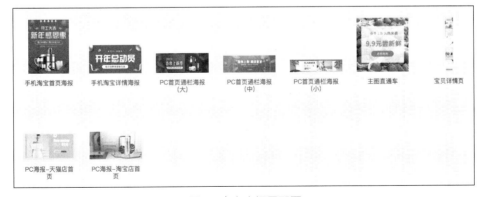

图 3.7｜电商场景配图

（6）营销广告

在营销广告场景中，有开屏广告、PC 端 banner、通栏广告等素材类型，可以满足广告投放人员的设计需求。广告场景配图如图 3.8 所示。

图 3.8 | 广告场景配图

以上场景基本涵盖了新媒体运营人员可能涉及的图片设计类工作，只要是新媒体相关类型的图片，都可以在创客贴中找到对应类型的模板并进行设计制作。

3. 制作流程

（1）模板类型筛选

选择对应的场景类型后，单击场景图片，可以看到大量模板。以手机海报为例，可以根据行业、用图、风格、色系和价格情况筛选模板，如图 3.9 所示。建议初学者选择免费类型的模板。

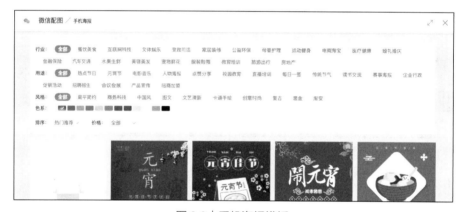

图 3.9 | 手机海报模板

（2）模板图片确定

在筛选模板时，建议根据海报的文案风格及宣传内容确定最终选用的模板。假如要设计的海报是互联网风格的在线课程推广海报，则可以选择图 3.10 所示的模板。

图 3.10 | 互联网在线课程推广海报模板示例

（3）图片设计

选定模板图片后，即可通过单击模板上的文字和图片素材，将其修改或替换成要设计的图文内容。如图 3.11 所示，页面的左侧是素材区，用户可以从中选择各种素材模板或上传图片素材，同时可以对文字的字体、字号、颜色等内容进行编辑。

图 3.11 | 编辑图文素材

（4）预览优化

图片设计完成后，需要分享到手机上进行预览，查看效果无误后，可以下载和使用。

使用创客贴制作图片素材的一个核心理念是：只替换文字，不改动设计。因为新媒体运营人员不是专业的设计人员，当使用专业的模板时，尽量不要改变原有模板的排版、配色、字体、字号、颜色等内容，以保证原有设计效果不变。

 ## 3.2　动图制作

动图能让文章的内容更生动。在微博、微信等新媒体内容的创作中，除了可以从网络中搜集动图素材外，还可以自己动手制作动图。

1. 动图制作工具

以下推荐 3 种动图制作工具。

（1）Photoshop

Photoshop 能灵活地把图片、视频素材制作成动图，同时可以对动图的尺寸、大小进行灵活调节。

（2）SOOGIF

作为动图素材库和动图制作平台，SOOGIF 既能获取各种类型的动图素材，还能在线制作动图。

（3）一闪

一闪能够拍摄制作延时摄影、定格动画等多种动态效果的动图，还能够进行图片处理和视频剪辑，是一款好用的手机端图像处理软件。

2. SOOGIF 动图制作

（1）了解 SOOGIF

SOOGIF 的界面如图 3.12 所示，通过关键词搜索，能够找到各种类型的动图素材。

图 3.12 | SOOGIF 界面

除了提供动图素材外，SOOGIF 还有动图制作功能，能够对动图进行压缩、裁剪、编辑等操作，其还拥有视频转 GIF 及多图合成 GIF 等功能，如图 3.13 所示。

图 3.13 | SOOGIF 的动图制作功能

（2）SOOGIF 动图制作

公众号往往对动图的大小有限制，使用 SOOGIF 能够压缩动图的尺寸，同时还能对大尺寸动图进行局部选取与裁剪。

如图 3.14 所示，对已有动图进行二次编辑时，可以为动图添加文字水印、滤镜及特效。

图 3.14 | 二次编辑已有动图

工作中常有将多个图片转成一个动图的需求，使用 SOOGIF 可以直接上传多张图片，即时生成动图。

SOOGIF 还可以对在线视频进行截取并生成动图。如图 3.15 所示，输入在线视频的地址，选择要制作动图的时间区间和动图持续时间，即可生成动图。

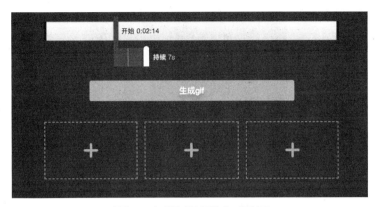

图 3.15｜截取视频并生成动图

3. 一闪动图制作

一闪除了可以把图片、视频转化为动图外，还可以拍摄和制作动图。

打开一闪 App，单击动图进入拍摄模式，如图 3.16 所示，在界面上方单击"速度"后会看到定格动画、慢动作、快动作等五种动图效果。

图 3.16｜一闪 App 动图拍摄界面

用一闪制作动图只需要选择合适的速度拍摄即可。其中，定格动画是连续拍摄 20 个瞬间组成一个动图，可以拍摄出快闪、自动文字等魔术效果。

完成拍摄后，还可以对动图进行编辑，如图 3.17 所示，能够对动图进行滤镜和防抖添加、片段选择及播放顺序调整等操作。

图 3.17 | 一闪 App 动图编辑界面

动图制作好之后，可以将其直接发布或保存到相册中。发布后的动图在分享到微博、微信等平台时，还可以进行二次编辑，即重新裁剪和添加文字。此外，通过在个人中心进行设置，还可以选择不显示一闪水印。

SOOGIF 和一闪基本能满足日常的动图制作需求。除此以外，还有 ScreenToGif、GifCam 等轻便好用的 GIF 录屏工具，都可以用来方便地制作动图。

3.3　二维码制作

因公众号图文无法自由添加外部链接进行跳转，所以通常的操作方法是把链接转化成二维码，让用户扫码访问。所以二维码制作就成为一项新媒体运营人员必须掌握的基础工作。

1. 草料二维码简介

草料二维码是专业的二维码制作工具，提供二维码的生成、美化、印制、管理、统计等服务，可以帮助企业通过二维码展示信息，并采集线下数据，最终提升营销和管理效率。

如图 3.18 所示，草料二维码能够把文本、网址、文件、图片、音视频等内容转化成二维码，并且支持对二维码的美化。

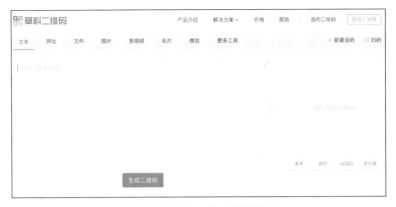

图 3.18 | 草料二维码编辑界面

2. 二维码制作流程

下面将以网址转二维码为例来展示二维码的制作流程。

（1）输入网址

如图 3.19 所示，在草料二维码中选择"网址"菜单，输入作者的微博主页网址。

图 3.19 | 输入网址

（2）生成二维码

单击图 3.19 中的"生成二维码"，即可生成如图 3.20 所示的二维码，微信扫描该二维码即可访问作者的微博主页。

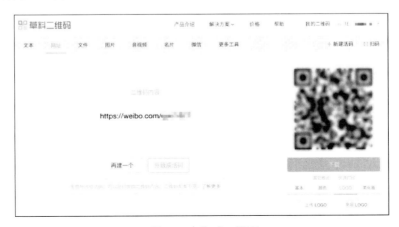

图 3.20 | 生成二维码

（3）美化二维码

目前的二维码不够美观，需要对其进行美化。单击二维码下方的"美化器"，既能够为二维码添加图标和文字释义，又能够对二维码的局部效果进行微调。

如图3.21所示，通过为二维码添加微博图标，同时在二维码下方添加"扫码访问@祁较瘦 微博"文字，让二维码变得更美观，意义也更明确。

图 3.21｜美化二维码

（4）下载二维码

二维码美化完成之后，下一步即可生成最终二维码。如图3.22所示，可以生成不同尺寸、不同格式的二维码，单击对应选项后即可直接下载二维码并使用。

图 3.22｜下载二维码

一种常见的使用场景是，把一个 PPT 学习文件以二维码的形式插入到文章中，让用户长按获取。利用草料二维码可以将 PPT 制作成二维码，美化后插入到文章中发布，当用户阅读文章并获取资料时，草料二维码后台会实时统计数据。这样既能实现把文件传递给用户，又能实时掌握用户数据。

3.4 H5 制作

H5 是 HTML5 的简称。从广义上来说，H5 指的是 HTML5 超文本标记语言，但从新媒体从业者的角度来说，H5 指的是在微信平台传播的一种内容形式，即 H5 微场景。以下所指 H5 都指 H5 微场景。

H5 是集文字、图片、视频、声音及动画于一身的综合效果，内容形式丰富，又富有创意，传播效果较好。图 3.23 所示是腾讯 NEXT IDEA 创新大赛与故宫合作的经典 H5 作品。

图 3.23 | 经典 H5 作品示例

企业在日常宣传中也常用 H5 的形式来宣传新产品、发布招聘广告、传播企业信息等，因此制作 H5 是新媒体运营人员必备的专业技能。一个独立开发制作的 H5 是需要创意人员、运营人员、设计人员及开发人员合作完成的。作为新媒体运营人员，虽不能独立开发制作H5，但可以使用第三方工具来完成 H5 的设计，以满足企业日常宣传的需要。

第三方 H5 微场景制作工具有易企秀、兔展、MAKA、人人秀等，本节将以易企秀为例，讲解 H5 的制作步骤与技巧。

1. H5 制作步骤

（1）创意策划

制作 H5 的第一步，不是选模板，而是确定主题和创意。主题是 H5 要表达的内容，创意则是用什么样的形式去表达内容。

比如制作一个企业宣传 H5，是选择古典风格，还是选择科幻风格，在文案和设计上有哪些亮眼的创意，都是在第一步要解决的问题。

（2）页面规划

明确了 H5 的主题和创意形式之后，就可以着眼细节来规划 H5 页面的内容。该步骤主要做两件事，一是完成整体 H5 的各页面规划，二是为各页面内容撰写文案、搜集素材。

（3）模板选择

完成页面内容规划之后，就可以进入易企秀选择模板。需要根据 H5 的主题、文案等来选择风格搭配、内容搭配的模板，如图 3.24 所示，建议按照分类选择对应的模板类型。

图 3.24 | 易企秀模板类型

（4）页面制作

选择合适的模板后，就可以进入编辑页面开始 H5 页面的制作。如图 3.25 所示，编辑页面左侧是模板选择区，可以选择使用不同的页面、文字、素材等；上方是素材区，可以添加文字、图片、组件等素材到 H5 页面中；右侧是页面预览和设置区，可以调整页面顺序、设置 H5 主题和简介；中间是页面编辑区，可以对文字、图片等素材进行编辑。完成设计后即可将其发送到手机进行预览与发布。

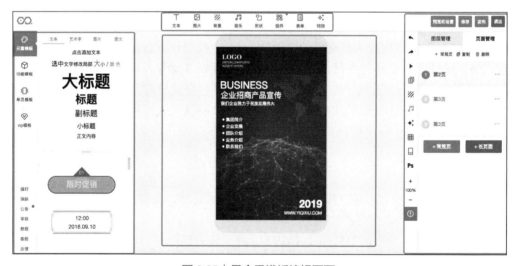

图 3.25 | 易企秀模板编辑页面

如图 3.26 所示，选中图片等素材后会出现组件设置菜单，通过其可以对素材进行修改、替换、调整对齐方式、添加动画效果等操作。逐一完成对素材的编辑设计后，调整布局即可完成整个页面的设计。

如图 3.27 所示，在对素材添加动画效果时需要注意，页面各元素出现的先后顺序是通过延迟时间控制的。在设置好动画后，可以点击"预览动画"来查看动画的效果。

图 3.26 │ 组件设计界面

图 3.27 │ 动画效果设置界面

如图 3.28 所示，如果想获取用户信息，可以通过添加联系人表单的方式实现。用户信息填写后会被统一收集到后台。

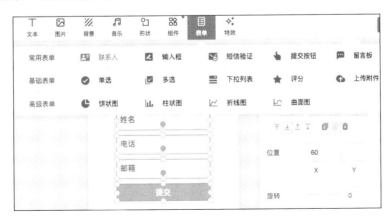

图 3.28 │ 添加联系人表单

完成各个页面的设计后，还需要对 H5 进行标题、描述等基础信息设置，设置完后就可以将其发送到手机进行预览。

（5）预览优化

建议将 H5 发送到不同的手机预览，以查看在不同设备上的显示效果。对显示有误或效果不理想的内容，可以进行再次编辑优化。

（6）完成发布

多次预览优化并确认无误后，就可以发布 H5 并进行传播。

2. H5 制作技巧

H5 是一个多页面的动态作品，具有一定的制作难度。使用易企秀模板制作 H5，虽然能提高效率、降低难度，但制作者在宏观和细节上仍需遵循一定的设计法则和制作技巧，才能提升 H5 作品质量。以下是从 6 个方面入手所提的 H5 制作建议。

（1）文字

① 文字要选择合适的字体，无法抉择时，就用默认字体；

② 同一级文字的颜色、字号、字体等要统一；

③ 文字字号不要太大，正文文字的字间距可以稍大；

④ 文字越少越好，一个页面一般不要超过 100 个字；

⑤ 一页最好不要超过两段，每段不要超过 5 行；

⑥ 段落文字要居左对齐；

⑦ 一般不将文字单独成段，建议图文配合。

（2）图片

① 图片质量要高，不能模糊、变形、有水印，抠图边缘不能出现锯齿状等情形；

② 图片风格尽量统一，特别是同一页中的图片风格要统一；

③ 页面有背景色时，建议用透明的背景；

④ 同一页面的图片应该对齐分布；

⑤ 可以使用动图增加页面显示效果。

（3）配色

① 一个 H5 用统一的颜色风格；

② 一个 H5 整体使用不超过 3 种颜色，且只有一种主色调；

③ 背景统一使用一种颜色，正文统一使用一种颜色，小标题统一使用一种颜色；

④ 不要大面积使用大红、大紫、大绿等饱和度过高的颜色，可参考使用"小清新"风格的配色；

⑤ 一般正文的颜色可以选择白色或黑灰色；

⑥ 推荐参考配色表配色，不建议非专业人员自主配色；

⑦ 推荐采用 Logo 配色，既不会犯错，又能够统一风格。

（4）动画

① 动画效果要"道法自然"，该怎么动就怎么动，不要为了炫酷而使用复杂的动画效果；

② 建议只使用易企秀动画素材里的前五行动画，慎用后面复杂的动态效果；

③ 牢记做动画的目的是为了方便用户理解和按逻辑获取信息；

④ 动画出现的时间长短跟 H5 的风格相关，科技感要出现得快，文艺风格要出现得稍慢；

⑤ 相同层级的内容，动画效果要相同。

（5）排版

① 原则上不改变模板的布局和排版；

② 每页内容都应该有合适的留白空间；

③ 同一页面同一逻辑内容要对齐分布，各模块之间要有留白。

（6）整体

① 各个页面之间要有顺畅的逻辑关系；

② 统一文字、颜色、风格、动画、文案、图片搭配等内容。

一个制作精良的 H5 页面，是制作者的策划能力、文案能力、设计能力、图片制作审美能力、执行能力等的综合体现。

3.5 直播设置

在一些复杂场景的直播中，常有镜头的切换，即一个直播页面可以显示多个场景的效果。图 3.29 所示是斗鱼平台的一个沙画主题直播截图，其中，同时有文字、图片和多个摄像头画面显示。这样的直播效果如何实现呢？

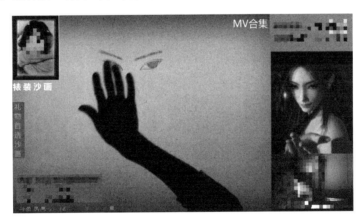

图 3.29 | 沙画主题直播截图

本节介绍利用 OBS（Open Broadcaster Software）实现直播多镜头切换，且在一个画面显示多场景效果的设置方式。OBS 是一款推流软件，利用它能设置多画面显示效果。连通 OBS 与斗鱼等直播平台能实现丰富且可调节的直播效果。

1. OBS 设置技巧

下载并安装 OBS 之后，在向直播平台传输信息之前，需要完成以下 3 方面设置。

（1）添加场景

场景即直播时的镜头，可以建立多个场景进行切换。如图 3.30 所示，添加了大屏幕、摄像头等多个场景。

图 3.30 | 添加多个场景

（2）设置来源

来源相当于为镜头输入信号，各个场景设置好来源之后，画面中会显示来源内容。如图 3.31 所示，单击鼠标右键选择"添加"，可以添加不同的来源，如在大屏幕的场景下添加了浏览器来源。

图 3.31 | 添加来源

（3）编辑场景

如图 3.32 所示，单击屏幕中显示的场景，会出现选中提示，可以拉伸边缘调整画面的显示尺寸。当一个画面中有多个场景时，可以单击鼠标右键来调整各场景的前后顺序、显示大小，设置滤镜效果等。

图 3.32 | 编辑场景

2. 打通 OBS 与斗鱼

（1）开启斗鱼直播

将鼠标指针置于头像上→单击直播设置→单击直播开关→跳转到直播主页。

注意：如果没有出现直播设置，是因为还没有进行实名认证，需要先进行实名认证才能直播。

（2）复制推流码

如图 3.33 所示，在个人直播页面中的个人头像上方找到推流码，复制推流码地址。

图 3.33 | 复制推流码

（3）把推流码填入 OBS

如图 3.34 所示，依次单击 OBS 的"设置→流→流类型"，选择"自定义流媒体服务器"，在 URL 和流名称中填写两个推流码地址，单击"确定"即可完成 OBS 与斗鱼的打通。

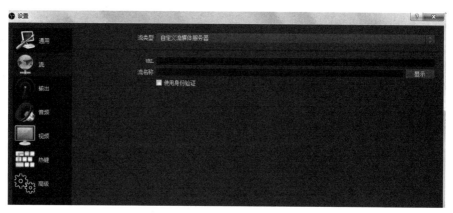

图 3.34｜填入推流码

打通之后，单击 OBS 主页的"开始推流"，斗鱼直播中即会出现 OBS 对应的画面，正式开始直播。

3.6　去水印

去水印是新媒体运营人员必须掌握的基础技能。专业去水印的方法是使用 Photoshop 的修补工具、修复画笔工具、仿制图章工具等进行操作。但对于不会使用 Photoshop 的人员来说，使用一些自动化工具也可以进行去水印操作。

本节推荐 3 款简单易用的去水印工具：美图秀秀网页版、Inpaint、Snapseed。

1. 美图秀秀网页版

美图秀秀网页版具有简单易用的图片处理功能，如图 3.35 所示，上传 1 张有水印的图片。

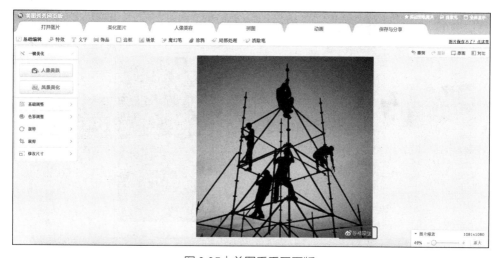

图 3.35｜美图秀秀网页版

如图 3.36 所示，选择"消除笔"，对水印进行涂抹覆盖，即可完成去水印。注意，此图片水印覆盖在黑色建筑物上，不是纯色背景，故自动识别去除时会有瑕疵，需要进行多次手动操作才能实现图中的效果。

图 3.36 | 美图秀秀去水印效果

2. Inpaint

Inpaint 是一款专业去除画面多余元素的图片修复软件，比如想把风景照中多余的人物抹除，Inpaint 会自动进行识别填充，利用此效果即可去除水印。

首先安装 Inpaint 应用程序，如图 3.37 所示。然后打开 1 张有水印的照片，可以看到 Inpaint 界面左侧提供有魔术笔、套索等工具。

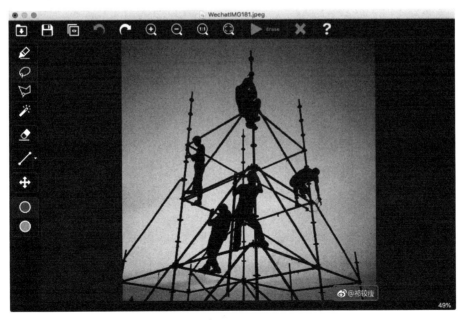

图 3.37 | Inpaint 应用程序

如图 3.38 所示，选中左侧的套索工具，先通过套索工具圈中水印并进行识别处理。

图 3.38 | 选择套索工具

如图 3.39 所示，先单击 Inpaint 界面上方的放大按钮，拖动图片使其只显示水印区域，然后再使用套索工具进行选择，可以使选择区域更精准。

图 3.39 | 精准选择水印区域

最终效果如图 3.40 所示，Inpaint 会自动识别水印内容，对水印进行去除。

3. Snapseed

Snapseed 是专业的手机端图片处理工具，具有丰富的图片处理功能。

　　如图 3.41 所示，用 Snapseed 打开照片，选择"修复"功能，即可对水印区域进行涂抹修复。首先对图片进行放大，然后用画笔涂抹水印区域，即可自动识别去除水印。Snapseed 的修复功能可以自动识别杂质，除了去除水印外，还可以对各种画面瑕疵进行修复，比如面部祛痘痕。

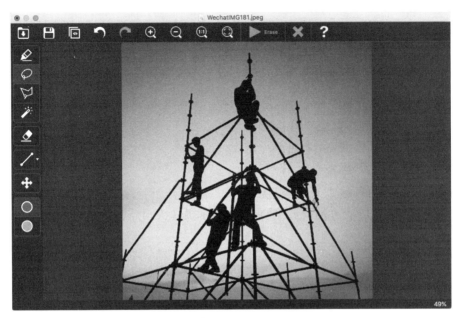

图 3.40 | Inpaint 去水印效果

图 3.41 | Snapseed 操作界面

　　需要注意的是，利用美图秀秀、Inpaint、Snapseed 等工具处理水印虽然简单快速，但只能处理背景单一的图片，当水印与复杂背景重叠时，这些工具的处理效果就很一般，只能是放大后再多次精修，或使用 Photoshop 进行专业化处理。

 本章小结

　　本章介绍的图片制作、动图制作、二维码制作、H5 制作、直播设置、去水印等各项技能的掌握主要依托工具，故建议新媒体运营人员熟练掌握各种常用工具的使用。新媒体运营人员需要在实践中反复训练上述技能，提高自身的制作能力和审美水平，从而在综合维度上提升自己的新媒体运营能力。

 练习题

　　1. 利用创客贴为自己的公众号制作 1 张宣传海报，要求制作后发布到朋友圈，在传播的同时让好友点评海报。

　　2. 使用易企秀为自己制作 1 份简历。

　　3. 设置 OBS，进行一场直播，要求同时显示摄像头画面、计算机屏幕共享画面和文字内容。

第二篇

新媒体平台运营

第4章

微博运营

学习目标

了解微博平台特点、微博平台运营方法、企业微博的定位及内容打造，掌握微博平台的投放技巧，熟知微博互动技巧及传播技巧。

本章重点

本章重点介绍以下核心内容：企业品牌的人格化，如何从人格化形象塑造的角度出发进行企业微博定位及内容定位；企业微博内容撰写和发布技巧；微博投放技巧，特别是微博知名博主的选择、鉴别以及合作沟通；微博的核心运营技巧，比如微博互动技巧、微博矩阵打造方法、热门话题借势方法等。

4.1 微博基础知识

4.1.1 了解微博

1. 微博的由来

最早的微博形态产品是美国的 Twitter，之后同类型产品迅速在全世界遍地开花。2009年新浪网推出"新浪微博"，此外还有腾讯微博、网易微博、搜狐微博等。但随着新浪微博的不断发展壮大，其他微博平台渐渐没落并不再运营。2014 年"新浪微博"正式改名为"微博"，成为我们熟知的社交产品。

微博英文名 Weibo，是相对博客（Blog）而言的微型博客，是更轻便的社交分享平台。微博最初限定单条微博至多只能发 140 个字，但加大了图片权重，相比撰写博客的长文章来说，大大降低了用户发布信息的难度。

2. 微博的时代属性

博客时代是互联网发展的重要阶段，标志着网民从互联网信息的受众变成信息的参与者与创造者。而微博是互联网发展的再次提升，让博客时代的精英化信息创作方式不再是主流，使全民能便捷、无门槛地参与到信息的创造和传播中，即互联网信息的传播更加大众化、多元化，实现了互联网的深度普及。

3. 微博的内容特点

微博成为主流的社交产品，标志着互联网从文字时代进入了图文时代。微博的文字配图片发布形式，既提高了发布效率，也提高了阅读和传播效率，成为互联网演化出的新的内容传播形式。近两年随着短视频行业的发展和普及，微博等其他社交平台也在向短视频倾斜。

4.1.2 微博特点

微博作为目前主流的社交产品之一，有其独特的产品特点，而这些特点也是中文互联网的时代特点。企业进行营销推广，需要发掘这些特点、遵从这些特点，从而制定出顺应时代发展、满足用户需求的营销策略。以下将从企业营销的角度来阐述微博的特点。

1. 社交化

社交是微博的最核心特点，也是微博的灵魂。与微信相比，微博是开放式社交平台，微博的内容及其转发、评论、点赞都是开放式的，所有人都可以参与互动、讨论和传播。社交是微博的魅力所在。社交化营销也是目前最主流、最核心的营销方式。

2. 碎片化

碎片化既是微博的信息分发特点，也是目前互联网的主流信息传播特点。微博以信息流的形式展示内容，既能为用户展现丰富的信息，又能降低用户获取单条信息的时间成本，让用户在信息碎片中选取自己中意的内容，这符合用户的阅读习惯。

3. 全民化

全民化是微博的生命力。每个人都能在微博中找到自己存在的价值。全民化特点也让企业找到了产品营销的落脚点，各类产品都能在微博中找到自己的受众群体，找到与用户沟通的渠道和方式。

4. 矩阵式

微博作为开放式社交平台，在用户关系上具有矩阵式特点。各类用户因为不同的兴趣和关注点，凝聚成不同的矩阵，而矩阵的核心就是知名博主。

5. 裂变式

一个社会热点的出现，通常是在微博平台首先引爆，实现裂变式传播，进而扩散到全网。微博具有的开放式社交、碎片化和矩阵式特点，让信息能够在微博平台上实现公开透明的快速裂变式传播。

6. 视频化

随着短视频行业的发展和内容消费形式的改变，视频化已成为各大社交平台和内容平台的转型战略。微博近两年也在进行视频化转型，短视频已成为微博新的产品核心，能使微博平台获得更多的流量和青睐。

4.1.3　微博的企业营销价值

对很多品牌来说，进行微博运营已经成为企业营销的标配。杜蕾斯、小米、海尔、宝马、江小白、支付宝等品牌，更是将微博作为重要的营销阵地，打造了许多为业内称赞甚至人人皆知的经典传播案例。微博对企业的营销价值不言而喻，那么微博具体能为企业实现哪些价值呢？主要有如下 8 点。

1. 实现品牌传播

品牌传播是微博为企业实现的最基本、最广泛也是最有效的营销价值。微博的开放式社交属性能够让企业进行便利的创作和传播。用户的自动转发能够帮助企业进行传播。同时，微博官方的广告产品和各领域知名博主，也能够帮助企业进行精准投放，把企业声量从自身微博扩散到整个微博平台。图 4.1 所示是支付宝的中国锦鲤活动，共实现了 170 多万次转发，完成了品牌曝光。

图 4.1 | 支付宝的中国锦鲤活动

2. 进行关注者经营

关注者是企业的重要资产，是企业的潜在客户、忠诚的消费者和口碑传播的引擎。微博的普及和社交化，使其成为企业连接用户和经营关注者的便捷工具。微博的评论、转发、话题、私信等功能，能够便捷地连接起用户与企业。图 4.2 所示为卫龙食品的微博创作，与关注者的日常互动，能拉近品牌与用户的心理距离，从而在无形中影响用户的消费决策。

图 4.2 | 卫龙食品的微博创作

3. 完成销售转化

企业进行营销的最终目的是实现销售转化。微博不仅能让企业在品牌传播中获取流量，在关注者经营中获取潜在消费者，更能够通过微博橱窗、链接到淘宝等方式便捷地完成销售转化。图 4.3 所示为小米手机的 1 条新品发布微博，直接通过链接实现了销售转化。

图 4.3 | 小米手机新品发布微博

4. 提供客户服务

微博是连接企业和用户的桥梁，企业能通过微博评论、私信等功能与用户沟通，解决产品使用等问题。用户在微博平台上发布的与产品有关的微博，企业能通过搜索回复等方式进行获取，进而实现客服工作的主动出击。图 4.4 所示为某微博用户发布了与小米产品有关的微博后，小米客服账号进行的回复处理。

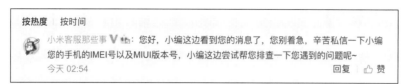

图 4.4 | 小米客服账号回复用户问题

5. 实现口碑传播

用户可以在微博平台发布自己使用某个产品的心得。针对不满意的产品，可以发微博表达不满；针对满意的产品，可以发微博夸赞。如果某款产品深受消费者喜爱，则微博平台上会出现大量的产品正面信息，形成自发的口碑传播。企业也可以引导用户发微博表达自己的产品使用体验，实现 UGC 的口碑传播。图 4.5 所示为海尔产品用户发布的海尔正面口碑信息。

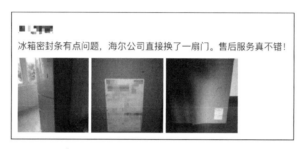

图 4.5 | 海尔产品用户发布的海尔正面口碑信息

6. 进行舆情管理

企业品牌管理的一个重要内容是对舆情进行管理。针对网络上出现的企业舆情，要做到早发现早处理。微博是一个用户广泛的开放社交平台，企业应对微博平台的舆情进行及时监测与管理。微博官方为企业提供了舆情管理的工具，企业也可以通过关键词搜索及话题管理等方式实现舆情管理。图 4.6 所示为微博官方的数据工具微热点的"微博情绪"截图，通过输入企业相关关键词，可以查看到微博平台的相关用户情绪。

图 4.6 | "微博情绪"

7. 挖掘精准客户

微博为企业提供了直接与用户沟通的机会。企业可以通过发布与产品相关的优质内容吸引关注者，而关注者就是企业的潜在消费者。企业还可以通过挖掘大数据的方式，主动出击挖掘精准客户。比如郑州的一家火锅店，可以通过微博高级搜索功能找到郑州地区想吃火锅的用户，再通过评论私信等方式与精准潜在客户进行沟通。图 4.7 所示为微博搜索

"想吃火锅"得到的结果截图。

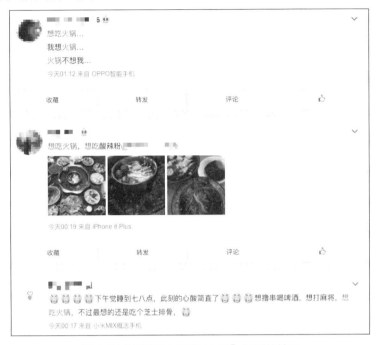

图 4.7 | 微博搜索"想吃火锅"得到的结果

8. 成为宣传出口

除了社交功能之外，微博的开放式传播特点使其具有天然的媒体属性。微博不仅可以作为企业的官方信息发布平台，还可以作为企业的"新闻发言人"，成为企业的核心宣传出口。微博具有的透明高效的传播特点，能降低信息在传播过程中夹带杂质的可能性，所以很多企业都把微博当作重要的宣传出口，重要事项首选在微博平台发布。图 4.8 所示为腾讯公司的官方公告截图。

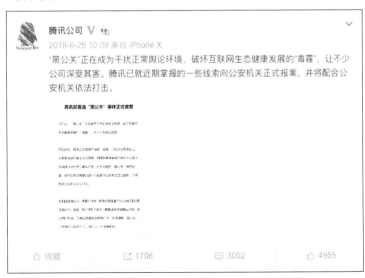

图 4.8 | 腾讯公司的官方公告

4.2 微博注册设置

4.2.1 微博注册

微博注册有两种方式：手机注册和邮箱注册；也有两种类型：个人注册和官方注册。图 4.9 所示为微博注册界面，个人用户可通过手机和验证码的方式完成注册。

图 4.9 | 微博注册界面

4.2.2 微博设置

完成微博注册后，接下来要做的就是对微博基本信息进行设置，起一个好名字，完善基本信息，即可把自己的微博从 0 到 1 搭建起来。

1. 昵称设置

微博昵称就是微博名，是用户在微博平台上的身份 ID，不可重复。微博昵称非常重要，既要符合规范，又要方便其他用户记忆。而且普通用户 1 年只能修改 1 次昵称，修改时需要慎重。

微博昵称有如下 4 种常见的起名方式。

（1）品牌+行业

"品牌+行业"指在昵称中既有品牌词又有行业词，如"二更视频""李老鼠说车""美食家大雄"等。这类昵称既方便用户知道你是谁，这有助于形成个人品牌，又便于用户知道你是做什么的，进而可以让喜欢这个领域的用户直接关注你。

（2）个性品牌词

个性品牌词指以独特的个人品牌词作为昵称，目的是打造个人的品牌。这类昵称适合知名博主和人格化 IP 的打造，好处是易形成品牌，不足是在知名度不高时用户有学习成本。如"papi 酱""办公室小野""一禅小和尚""李子柒"等。

（3）行业词

这类昵称专注于行业，昵称中只有领域，如"娱乐八卦""美妆时间""搞笑段子"等。这样的昵称方便对某一领域感兴趣的用户关注，但不适合打造自己的品牌。

（4）地域+行业

专注在某一地区运营微博时，通常会在昵称中带上地域，如"北京那些事儿""郑州吃喝玩乐""武汉大学城"等。这样的昵称既能凸显地域特色，又能在内容上保持垂直，方便被那些对该地域、该领域感兴趣的用户关注。

除了如何起名外，在确定微博昵称时，还应该遵循以下技巧。

（1）不要过长

昵称最好在四个字以内，越短越好，方便记忆。过长的昵称既不利于用户记忆，又影响阅读。

（2）不要有生僻字

若昵称中有生僻字，既不方便阅读又不方便记忆，用户也无法在发微博时正确@你。

（3）不要有特殊符号

不要在昵称中使用"_""、""—"等特殊符号，否则会显得不专业。

（4）不要有无意义的数字或字母

在昵称中使用"2019""123""abc""a"等都是不合适的，会显得很不专业，像是僵尸账号，做专业化运营就应该起一个正式的专业化名字。

（5）不要是空虚的某种状态

"美丽的天空""粉色的心情""黑夜的惆怅"等用来描述一种状态或一种情绪的短语都不适合当作昵称，因为其既不形象具体又不利于记忆，也无法体现你是做什么的。

2. 基本信息设置

在微博账号设置中，可以对简介、个人资料、个人标签等信息进行设置。图 4.10 所示是微博账号设置的后台界面。进入"个人资料"，可以对姓名、性别、简介、联系方式等信息进行设置，其中简介信息设置好后，会展示在主页昵称的下面。

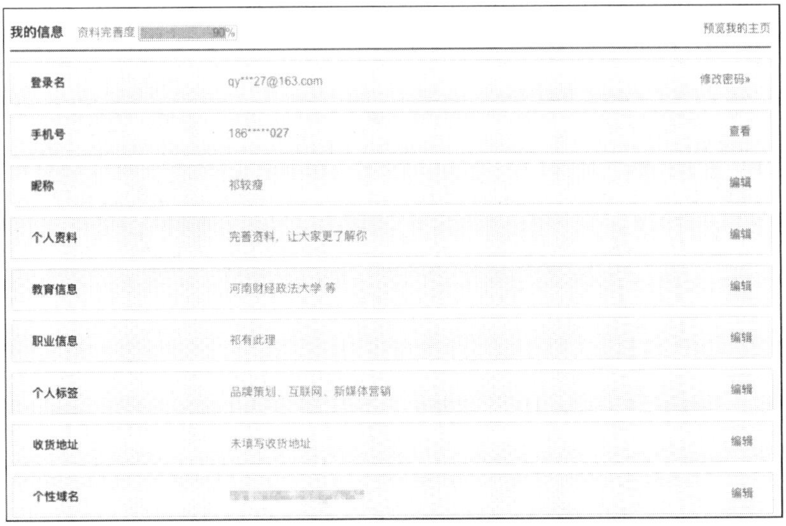

图 4.10 | 微博账号设置的后台界面

基本信息可选择展示或者不展示。展示的信息会显示在个人主页，访客可以通过信息了解你，或者与你联系合作。图 4.11 所示是"郑州吃喝玩乐汇"这个微博的基本信息展示，用户既可以通过这些信息了解博主，也可以直接通过 QQ 联系博主。

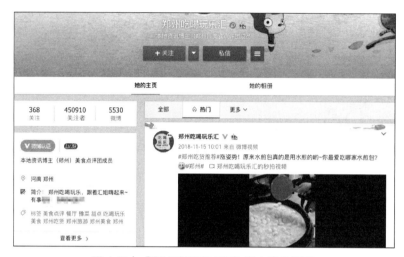

图 4.11 │ "郑州吃喝玩乐汇"基本信息界面

3. 微博装修设置

微博装修主要指对微博封面、背景和头像等的设置。如图 4.12 所示，将鼠标指针放置在个人主页右上角的"模板设置"和"上传封面图"的位置，可以设置微博的封面图和背景；单击头像，可以设置微博头像。

图 4.12 │ 微博装修设置

微博装修应遵循头像、封面和背景统一构图的原则，让微博的视觉效果达到最佳。图 4.13 所示是小米手机微博主页截图：头像与封面搭配协调，背景使用与封面相同的底色，让头像、封面和背景成为一个整体，既具有美观度，又宣传了产品。

需要注意的是，微博背景图的中间位置一般不设置元素，以免其被微博头像遮挡，造成无法显示或显示效果不佳等问题。可以把背景图元素放置在图片的左右两侧，把中间位置留给头像、简介和关注按钮。

企业微博还可以进行焦点图设置，显示效果如图 4.14 所示。焦点图可以添加外链，实现产品销售导流。

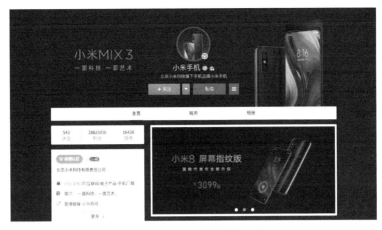

图 4.13｜小米手机微博主页

图 4.14｜企业微博焦点图

4.2.3 认证及会员

昵称的右侧通常会带有 V 标识和皇冠标识，V 标识代表认证，皇冠标识代表会员。点击 V 标识和皇冠标识，可以直接进入加 V 认证或微博会员页面，如图 4.15 所示。

图 4.15｜微博昵称后的 V 标识和皇冠标识

1. 微博认证

微博认证除了能拥有专属认证标识以提高身份辨识度之外，还能享有搜索优先推荐、关注者服务平台等专属功能。

微博认证分为个人认证和机构认证两大类，个人认证是"黄V"，机构认证是"蓝V"。如图4.16所示，个人认证主要有身份认证、兴趣认证、自媒体认证3大类，政府、媒体、企业等认证则属于机构认证。

图 4.16 | 微博认证体系

个人认证中，身份认证门槛最低，只需上传能证明身份的材料即可。兴趣认证指针对某一领域的认证，要求30天内发布微博数量不少于30条，且30天内微博阅读量不低于1万次。自媒体认证主要指头条文章自媒体和视频自媒体认证，要求在固定领域持续贡献内容，并且头条文章的数量不低于20篇或视频不低于10条。

个人认证还有"金V"认证。"金V"是微博平台影响力很大的博主，要想成为"金V"首先要成为"黄V"，然后在关注者数量超过1万、月阅读量超过1000万次的情况下，会升级成"金V"。图4.17所示为"金V"认证特权说明，有专属标识、专属客服、专属推荐、专属权益等专属服务。

图 4.17 | "金 V"认证特权说明

企业及各种组织机构通常认证成"蓝V"，"蓝V"是官方身份的象征。进行企业"蓝V"认证需要提供企业营业执照等信息，并且需要进行年度审核。完成微博企业认证后，可以享有广告、营销、运营、数据4大特权服务。

2. 微博会员

会员是微博的付费功能。开通会员之后，除了微博头像旁有会员皇冠标识外，还会拥有微博置顶、图片评论、优先推荐、多次修改昵称等特权。图 4.18 所示是微博会员身份特权的截图。

身份特权								
特权名称	非会员	VIP1	VIP2	VIP3	VIP4	VIP5	VIP6	VIP7
专属标识	无	有	有	有	有	有	有	有
专属客服	无	有	有	有	有	有	有	有
专属昵称	无	有	有	有	有	有	有	有
排名靠前	无	有	有	有	有	有	有	有
优先推荐	无	有	有	有	有	有	有	有
关注者头条折扣	无					有	有	有

图 4.18 | 微博会员身份特权

企业或个人若要开展专业的微博运营，建议先进行认证并开通会员，这样在身份上能更加正式可信，在权限上也能拥有更多功能。

4.3 企业微博运营

4.3.1 企业微博定位

1. 微博定位

企业进行微博运营，首先应该进行企业微博定位，其主要包括功能定位和角色定位。功能定位指确定微博运营的目标，角色定位指确定微博在企业营销中充当的角色。

（1）功能定位

微博运营能实现不同的企业目标，从品牌曝光到产品销售，甚至是客服工作都能够被实现。但不同的品牌和产品在微博平台的运营应该有不同的侧重。比如奔驰、宝马等非在线消费型产品，应该侧重品牌宣传；手机、净化器等快消品，适合在进行品牌宣传的同时实现销售转化；而腾讯、支付宝等企业官方微博，应发挥好企业宣传的作用，当好"新闻发言人"。

企业应该考虑自己的品牌和产品特色，结合微博平台特点，确定微博运营的核心目的，完成功能定位。

（2）角色定位

角色定位是指从企业战略层面思考微博的定位，把微博平台运营放到整个企业营销体系中去考察，最终确定企业微博的角色定位。

企业营销是一个完整的体系，在线上要完成哪些营销环节的部署，特别是微博平台要承担整个系统的哪部分责任，都需要结合企业营销需求和微博平台特点进行综合考量。在符合微博平台特点的前提下完成企业营销任务，才是企业微博应有的角色定位。

2. 定位误区

在进行微博定位时，企业往往按照传统营销思维方式，让微博承担不适合的责任，导致运营总不见效。常见的错误认识有以下 3 种。

（1）把微博当广告平台

一些企业在运营微博时，错误地把微博当成广告平台，每天只更新企业产品的广告信息，导致微博没有关注、没有阅读。这样运营微博是错误的，是不了解微博的媒体和社交属性，没有从用户的角度出发发布对用户有价值的内容。

（2）把微博当销售平台

有些企业把微博当成单纯的销售平台，天天更新商品并附上商品链接，希望发微博就能把产品卖出去。这样的认识也是错误的。微博的用户多、流量大，也只是微博平台的流量，企业自身官方微博没有关注者，发再多的商品信息用户也无法看到，无法获得曝光和转化。

（3）把微博当传统宣传平台

传统企业常在官方网站和媒体发布企业信息，在微博平台做运营时，若继续沿用官方的语言与用户沟通，也是错误的。微博作为社交互动平台，企业应随平台而变，用有亲和力的网络化语言与用户沟通。

存在以上错误的认识，皆因企业不了解微博平台的特点，一厢情愿地按照惯性思维运营微博。企业进行微博运营，首先要了解微博，并在充分发挥微博特性的前提下，结合自己的产品和业务，完成微博的定位和运营。有了正确且清晰的规划，才能高效开展微博运营。

4.3.2　企业微博人格化

1. 什么是人格化

企业微博人格化是指把企业品牌当成一个人，以人的身份去运营微博，去与用户沟通。比如，杜蕾斯官方微博自称"杜杜"，可口可乐官方微博自称"小可"。如图4.19所示，天猫官方微博自称"本喵"，这都是企业微博人格化的表现。

图4.19 | 天猫官方微博

企业对微博进行人格化运营，符合微博的社交化特点，具有以下作用。

（1）便于用户记忆

将抽象的品牌进行具象的人格化，方便用户理解和接受品牌。通常人格化名字源自品牌的昵称，这样方便用户记忆品牌。

（2）促进品牌互动性

人更愿意与人沟通，而非没有情感的品牌文字。把品牌人格化后，企业能够以一个人的身份与用户互动，从而提升了品牌的互动性。

（3）提升品牌亲和力

人格化品牌形象通常是与核心目标受众相符的形象，其更容易与用户打成一片，拉近与用户的距离，提升品牌的好感度和亲和力。

2. 如何打造人格化画像

企业微博的人格化打造需要完成两个步骤：一是进行用户分析，确定核心受众；二是根据核心受众确定微博人格化画像。

（1）用户分析

用户分析的对象是产品的受众和微博的受众。一般情况下，产品的受众就是微博的受众，因为运营微博也是为了推广产品，所以它们的受众是统一的。

用户分析的主要工作是分析核心用户的特质，包括他们的年龄、文化程度、收入、生活状态、兴趣爱好等，进而做出核心用户的画像。只有了解了用户，知道了用户的喜好，才能设计出用户喜欢的人格化画像。

（2）人格化画像

微博的人格化画像是由受众形象决定的。因为运营微博就是为了更好地跟用户沟通，所以用户长什么样，微博的人格化画像就应该长什么样，这样便于产生共同话题。但通常微博的人格化画像要稍高于用户形象，这样才能使其成为话题的引导者，便于用户关注了解。

在微博人格化画像的设置上，年龄和经验层面的数据要比用户的高。确定了这个方向之后，就可以根据用户的形象做出微博的人格化画像了。画像越详细越好，统计的数据可以参考表 4.1。

表 4.1　微博的人格化画像

姓名	
性别	
年龄	
文化程度	
婚否	
职业	
特长	
性格	

以天猫品牌为例，结合天猫的核心受众特点，分析出的天猫微博人格化数据如表 4.2 所示。

表 4.2　天猫微博人格化数据

姓名	本喵
性别	女

续表

年龄	30
文化程度	本科
婚否	已婚
职业	设计师
爱好	追逐生活潮流
性格	外向、开朗、乐观

完成以上数据的填写之后，一个有名有姓的人物形象就出现了。信息虽然是虚拟的，但这是一个什么样的人、会说什么样的话等都变得明晰了，这就为企业品牌做出了人格化画像。接下来要做的就是以这个人物形象去运营微博。

3. 如何进行人格化运营

企业微博人格化运营的核心就是以这个"人"的身份去运营微博。如何以人的身份运营好微博？要做好3件事。

（1）说人话

说人话的第1层意思是要以人的身份说话，要学会拟人式表达，即每一条微博都是"我"在与关注者对话。图4.20所示是支付宝的一条日常微博，微博中用到了"我"这个主语。

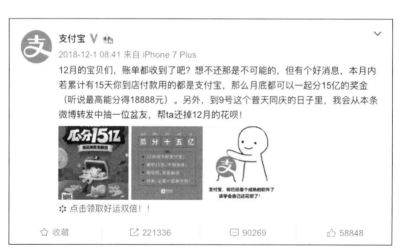

图 4.20 | 支付宝日常微博

说人话的第2层意思是要避免说官话、说太严肃正式的话。企业要学会以网络语言甚至是口语化的方式与用户聊天，以拉近与用户的距离，让用户愿意跟你评论互动。

说人话的第3层意思是要尽量避免使用复杂难懂的专业术语。企业运营微博，是为了跟用户沟通，让用户关注你、跟你互动。如果用专业领域的术语去表达，会无形中建立一道沟通屏障，这不利于你与用户的顺畅对话。所以不管哪个领域的企业，都要尽量把复杂的词汇简单化、把专业的词汇日常化，以用户听得懂的语言去沟通。

（2）是什么人说什么话

是什么人说什么话，是指所说的话要符合自己的身份定位，这需要从两个维度去理解。

第一，你是什么类型的人，就应有什么样的语言风格。比如你的定位是一位 35 岁的职场精英，语言风格就不能过于轻浮。

第二，你是什么领域的人，就应在内容上有什么样的侧重点。热点可以跟，但要注意自己的定位，要努力找到热点与自己领域的结合点，做创意发散，并只发散跟自己有相关性的内容。

（3）见什么人说什么话

见什么人说什么话指微博发布的内容要考虑用户的喜好。企业运营微博不能只发布自己想传播的内容，要时刻考虑用户是谁、他们喜欢什么，要多发布用户喜欢的内容。

微博是互动平台，不是广告平台。企业运营微博的第一要义就是与用户沟通。企业要以对话者的身份去撰写、发布微博，要保证发出去的每一条微博都是用户感兴趣的，都是对用户有价值的。

除了满足用户喜好之外，企业微博发布的内容还应该考虑用户类型。不同的品牌有不同的受众，不同的受众有不同的兴趣点和需求点，企业运营微博要以自己的核心受众为出发点，发布有针对性的垂直性内容。

进行微博人格化打造，一是为了更好地与用户沟通，二是为了从人物形象的角度入手再次进行微博定位。有了精准的定位，才能有针对性地运营。

需要注意的是，并不是所有的品牌及机构都适合进行人格化运营，例如奢侈品品牌、医院、法院等机构就不适合。因为人格化是为了更有亲和力，是为了拉近与用户的距离，但奢侈品、医院、法院等需要保持与用户的距离，甚至需要给用户一种严肃的陌生感。

若企业所处行业是快消品等领域，需要在微博平台进行广泛的品牌传播，需要跟用户进行亲密且深入的互动，就应该进行人格化运营。社会化媒体时代，企业营销的一个重要标志就是持续拉近与用户的距离，微博等社会化平台为企业提供了可能性。所以，人格化不仅是企业微博运营的技巧，更是企业品牌营销的趋势。

4.3.3 微博内容打造

确定了微博的定位和人格化形象之后，企业微博运营就可以进入到内容打造阶段了。打造内容需要先做规划，即要确定发什么、怎么发。

1. 微博内容形式

如图 4.21 所示，一条微博的内容可以采用纯文字、图片、动图、图文、话题、视频、头条文章等多种形式。

图 4.21 | 微博的内容形式

（1）纯文字

纯文字微博常用于段子、话题的发布。一条纯文字微博是不通过图片的搭配来增强吸引力的，这在形式上是比较冒险的，通常要求文案水平高、文字少而精。图 4.22 所示是卫龙食品的一条纯文字微博，通过纯文字与用户进行互动。

图 4.22 | 卫龙食品的纯文字微博

（2）图文

图文微博有文字描述主题，有图片增强吸引力，是最常见的微博形式。发布图文微博时，推荐使用九宫格配图，这样图片在内容上更丰富、更美观、更有吸引力。图 4.23 所示是天猫用九宫格配图组成的一幅完整的图片，其视觉冲击力更强烈。

图 4.23 | 天猫九宫格微博配图

（3）视频

视频微博在用户浏览时会自动播放，其丰富的内容元素比图文更能吸引用户。企业微博也应适时进行视频形式的内容创作，以更多元的视听效果与用户互动，进而提高用户关注度和互动深度。图 4.24 所示为华为终端公司发布的视频微博，在用户浏览时会自动播放视频，展现超炫酷场景，吸引用户的注意力。

图 4.24 ｜华为终端公司视频微博

（4）头条文章

头条文章是为长文章而生的一种微博形式，方便写作者进行长文章的创作，如图 4.25 所示。头条文章的标题和封面展示效果更强，能够提升对用户的吸引力。

图 4.25 ｜头条文章微博

（5）话题

话题是微博的一种内容形式。当参与讨论某一共同话题时，用 2 个 "#" 号把话题包围，则话题生效，文字显示成橘红色，同时单击话题能进入到话题页面，查看到与该话题相关的所有微博，如图 4.26 所示。

图 4.26 | 发布微博话题

单击话题进入话题页面，如图 4.27 所示，显示有话题的阅读量和讨论量，所有带统一话题的微博会根据内容权重依次展现在话题页面中。

图 4.27 | 微博话题页面

话题是微博的一种重要产品形态，体现了微博的开放性和媒体属性。任何用户都可以参与到话题的讨论中，发表自己的观点。图 4.28 所示为微博公开展示的热门话题榜，话题榜是热门社会事件的风向标。微博鼓励用户参与话题的讨论，其既给用户提供了热门话题资讯，又给用户提供了参与讨论的机会，这能带动平台的整体活跃度。

热门话题	↻ 换一换
#最新分手方式#	1.2亿
#判断对一个人的喜欢程度#	7973万
#曼娘什么时候下线#	7359万
#林妙可近照#	9080万
#2019郑州第一场雪#	4245万
#原生之罪#	3.3亿
#月球车玉兔二号#	1539万
#嫦娥四号#	3.5亿

图 4.28 | 微博热门话题榜

企业可以参与话题的讨论，也可以自己创建话题并发布，引导用户参与讨论。需要注意的是，话题字数一般不宜过长，最好控制在 10 个字以内，而且话题应该是一个短语，是某件事的浓缩，不宜带标点符号。企业可以设置与自己相关的话题，在微博日常运营中形成固定栏目，引导用户持续参与讨论。图 4.29 所示为五芳斋的话题"#聊聊聊斋#"，五芳斋官方微博经常发布有关该话题的内容，并引导用户参与互动。

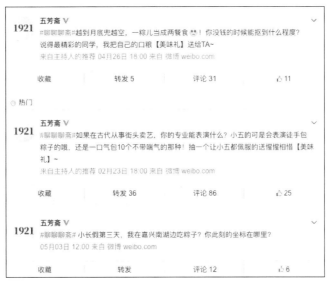

图 4.29｜五芳斋的#聊聊聊斋#话题

2. 微博内容方向

确定了微博的内容形式之后，就需要确定微博的内容方向了。企业微博能发布哪些内容、应该做哪些内容规划，可以从两个方面进行考虑：一方面是企业想发布哪些内容，有哪些企业相关信息需要传播；另一方面是用户喜欢哪些内容，企业需从用户的角度入手创作哪些内容。

（1）企业需求

在内容发布上，企业微博要首先完成企业宣传的任务。但企业需要的未必是用户需要的，要努力把企业需求与用户需求进行结合，从用户需求的角度来表达企业内容，让用户对企业信息更感兴趣，让用户从企业表达中获得价值。一家企业通常有以下 4 大类内容需要对外传播。

① 企业新闻

企业进行品牌宣传，首先要传播企业的正面大事件，以提升品牌影响力和品牌形象。企业动态、领导人动态以及新品发布等企业新闻，需要有选择地通过微博进行发布传播。图 4.30 所示为支付宝发布的突出余额宝规模的企业新闻。

② 产品信息

产品信息传播指企业向用户介绍和推广自己的产品，包括介绍不同产品的类型和功能，突出产品的特色和优势，完成用户转化的前期推广。传播产品信息也是企业微博运营的核心目的。图 4.31 所示为大疆发布的产品推广微博。

图 4.30 ｜ 支付宝企业新闻

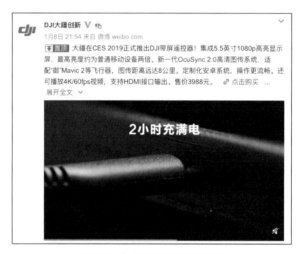

图 4.31 ｜ 大疆产品推广微博

③ 销售信息

当新品上市销售时，可以通过微博平台发布销售信息，进而把微博平台的关注者转化成消费者，实现微博导流和销售转化。需要注意的是，在微博平台进行产品销售时要适度并注重技巧。图 4.32 所示为红米手机发布的有预约销售信息的微博。

图 4.32 ｜ 红米手机预售微博

④ 活动发布

当企业有活动要发布，需通过各种渠道进行推广时，可以把微博当成很好的宣传渠道。图 4.33 所示为支付宝的活动微博。

图 4.33｜支付宝活动微博

（2）用户喜欢

用户喜欢的内容往往是有趣的、用户关心的、对用户有好处的，比如热门话题的讨论、与关注者的互动、分享的干货等。用户喜欢的内容需要与企业相关的内容进行结合创作，在满足用户需求的同时，实现企业传播的需要。用户喜欢的内容有以下 4 大类型。

① 干货分享

任何企业一定有自己所属的领域，并且在该领域是专业的。用户关注企业，实际上是对该领域的关注，是想获取该领域的信息。因此，企业为了留住用户，可以投用户所好，免费分享该领域的干货知识。比如卖奶粉的分享育儿知识，卖化妆品的分享美妆技巧。图 4.34 所示为猫饼短视频分享的日常干货。

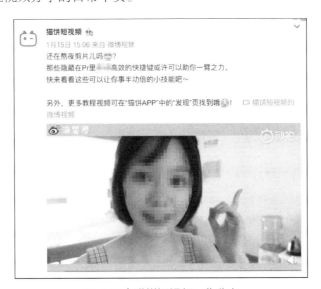

图 4.34｜猫饼短视频干货分享

② 热点讨论

热门事件天生具有流量和关注度，用户参与讨论的积极性也高。在热门事件出现时，企业可以和用户一起参与到话题的讨论中。企业要结合自己的品牌和产品做热点创意，而且应该有自己的准则，对于与自身定位无关的热点、有损品牌形象的热点不要跟。图 4.35 所示是五芳斋结合电影《复仇者联盟》发布的热点创意微博。

图 4.35 | 五芳斋热点创意微博

③ 话题互动

话题互动是指企业可以根据用户兴趣和自身定位，设立一些固定的话题栏目，长期与用户进行话题讨论。比如小米手机的"#我们聊聊天#"话题，就是结合自身品牌发起的互动类固定话题，企业可以根据该话题发布不同的内容，引导用户参与评论互动，提高用户活跃度和用户黏性。图 4.36 所示为小米手机发布的日常话题互动微博。

图 4.36 | 小米手机日常话题互动微博

④ 福利活动

企业微博应该定期发布一些活动以向用户发放福利，这样既能通过奖品激发用户的参与感，提高活跃度，又能适时通过活动实现品牌传播。常见的微博福利活动形式有转发有奖、评论留言等。图 4.37 所示为小米笔记本的福利活动微博。

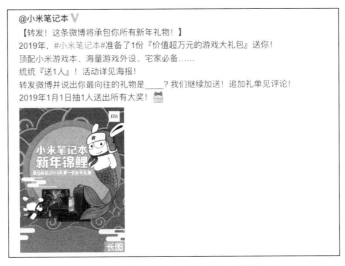

图 4.37 | 小米笔记本福利活动微博

3. 内容打造技巧

企业微博除了要有好内容外，还要在运营上注意方法和策略。下面分享 6 条企业微博内容打造技巧，以帮助读者拓展运营思路。

（1）互动思维

互动思维是指企业在发布微博时，要意识到自己是在跟用户互动。微博作为社交平台，社交互动是其核心特点。企业不能把微博当成单纯的宣传平台和品牌曝光平台，应时刻牢记互动性，在撰写微博内容时，要时刻想着这条微博是在跟用户对话，是在跟用户沟通。

（2）口语化表达

在运营微博时，企业应该改变以往传统、官方、正式的表达方式，以更口语化的方式来表达内容，让用户不再有距离感。图 4.38 所示为支付宝发布的企业新闻，其在通过官方微博告知用户时，完全采用的是口语化的表达，这样既容易让用户理解和接受，又易于提升亲和力。

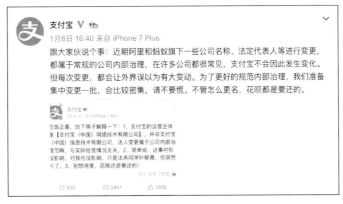

图 4.38 | 支付宝企业新闻微博

（3）精炼内容

精炼内容有两层含义：一是微博的文字内容要精炼，在充分表达意思的前提下，字数越少越好，这样既方便用户用更短的时间获取信息，降低用户阅读难度，又符合碎片化阅读的特点；二是宁可精彩的内容少，也不能为了保持更新频率而发布内容质量不够好的微博，提供精炼的内容才是微博运营的核心。

（4）设置话题栏目

为了保证内容的持续性并形成品牌特色，企业的日常微博运营可以策划固定的话题栏目，与用户进行周期性的沟通。比如杜蕾斯的微博话题"#杜绝胡说#"，每次只发布一个问题与用户互动，形成了良好的关注者互动话题机制。

（5）进行热点创意

企业微博内容可以根据热门话题进行热点创意，这既能够满足用户参与热门话题讨论的需求，又能够提高微博的热度甚至是曝光量。但在进行热点创意时，需要找到热门事件与自身品牌的结合点，不能为了跟热点而跟热点。

（6）有趣最重要

从根本上来说，企业微博运营是与用户交朋友，让用户成为关注者，所以有趣很重要。有趣的核心是为用户提供有价值的内容。要想有趣，就必须收起企业传播信息的功利心，把内容做好，持续生产优质的微博；把互动做好，与用户打成一片。

4.3.4 微博数据分析

数据是指导一切工作的科学准则。企业微博运营更应该以数据为准绳，建立运营目标，并且用数据把控运营方向，保证运营效果。企业微博运营应该从关注者数量、阅读量、互动量等维度进行数据分析，在 PC 端微博的"管理中心—数据助手"里，提供了微博运营的详细数据，运营人员可以通过分析这些数据来指导微博运营。

1. 关注者分析

企业微博运营首先应该关注的指标就是关注者数据。图 4.39 所示为微博提供的近 7 天关注者数据。

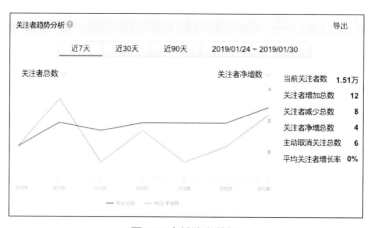

图 4.39｜关注者数据

（1）当前关注者数

当前关注者数指截至目前的关注者总数。此数据指标的意义在于统计目前关注者现状及阶段性的关注者增长情况。

（2）关注者增加总数

关注者增加总数是指一个周期内新增的关注者数量。数量越高，代表这个阶段内的增加关注者效果越好。关注者增加总数体现了微博内容的传播力度和对新用户的吸引程度。

企业要想实现关注者的增加，可以通过话题曝光、关注者转发、广告投放等方式增加曝光，从曝光中增加关注量。

但如果采用了曝光传播，却没有新增加关注者，则说明微博内容没有吸引力，关注者增长转化效果不佳。

（3）关注者减少总数

关注者减少总数指一个阶段内关注者取消关注的数量，此数据指标反映了微博内容质量。如果关注者持续减少，或某一阶段关注者减少较多，则表明微博内容质量降低了，或微博进行了变动性运营，须马上调整。

比如企业通过一次转发有奖活动增加了大量关注者，但在活动过后，关注者持续减少，这就表明用户对企业微博内容并不感兴趣，只是为参与抽奖才关注企业的，因此需要考虑关注者增长的精准性和微博内容的针对性。短期不精准的关注者增长和没有优质内容的微博运营，都是不可持续的。

（4）关注者净增总数

关注者净增总数指一个阶段内净增长的关注者数量，其代表着微博持续增加关注者的能力。此数据指标越高，表明微博的增加关注者能力越强，运营效果越好；此数据指标为负，表明微博内容的黏性不足，取消关注的关注者数量比新增的关注者数量要多。

在企业微博的运营中，要从关注者增加、关注者减少、关注者净增三个维度综合判断微博关注者的"健康"情况。例如，关注者净增总数高，但关注者减少的数据也高，则表明微博虽然增加关注者能力强，但内容黏性不足，新的增长有较大流失，需要通过提高微博内容质量来保持关注者的留存率。

关注者是微博内容的风向标，"健康"的关注者增长数据能反映微博内容的传播能力和质量高低。

2．博文分析

微博后台数据会以阅读量趋势图和"转、评、赞"趋势图的形式显示每天的总阅读数和"转、评、赞"数据。

（1）微博阅读趋势

阅读数可以理解为微博的曝光传播数据，阅读数越高，微博的曝光量就越高。

微博的阅读数一般由关注者基数决定，关注者基数越大，微博的阅读数就越高。除关注者数外，"转、评、赞"数据和微博本身的话题也对阅读数有影响，如果是热门话题，则阅读数会增高。

微博阅读趋势体现的是当天微博的阅读数据，在微博个人主页的每条微博下方还会显示这条微博的阅读数。所以微博数据既能统计微博的整体阅读量，又能体现具体每一条微博的阅读量情况，其能从整体和局部两个角度进行数据分析。微博阅读趋势如图 4.40 所示。

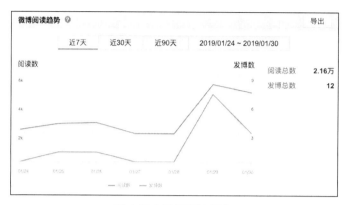

图 4.40 | 微博阅读趋势

（2）微博转发、评论和点赞

1 条微博发布后，用户可以对这条微博进行转发、评论和点赞，"转、评、赞"是 1 条微博内容质量的风向标。转发越高，表明用户对这条微博的传播意愿越高。评论则表明用户的参与意愿和互动积极性，评论越高，表明这条微博的话题性越高。点赞体现的则是用户对这条微博的认可程度。

"转、评、赞"完成了微博的社交功能，用户可以通过"转、评、赞"表达或分享观点，参与话题互动。企业在运营微博时，要追求微博内容的"转、评、赞"数据。高"转、评、赞"既能体现微博内容的高质量，还能体现微博整体的关注者黏性。"转、评、赞"的互动数据，也是微博运营的核心数据指标。微博"转、评、赞"数据如图 4.41 所示。

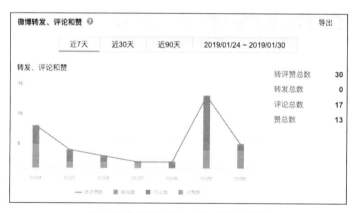

图 4.41 | 微博"转、评、赞"数据

3. 互动分析

互动分析指微博整体的互动情况，既包括自身微博的互动情况，又包括关注者互动及对外互动情况。微博作为一个社交平台，互动是其特色和属性，提高微博的互动性，是提高微博运营水平的重要方式。

（1）互动数分析

互动数指的是微博被互动、微博的评论被互动和微博故事被互动的总数，是从微博内容互动性、评论互动性和微博故事 3 个维度统计的整体互动数据。互动数越高，表明微博的活跃度和互动性越好，也可以体现微博的高黏性。微博互动数分析如图 4.42 所示。

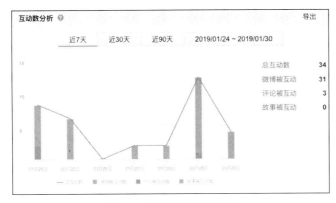

图 4.42 | 微博互动数分析

（2）近 7 天账号互动 top10

近 7 天账号互动 top10 展示的是近 7 天和博主互动频率最高的 10 个账号，可以称这 10 个账号为"铁杆关注者"。在运营微博的过程中，可以通过给互动 top10 奖励的方式来回馈关注者的互动，或者发起 top10 互动奖励活动来提高微博互动量。近 7 天账号互动 top10 情况如图 4.43 所示。

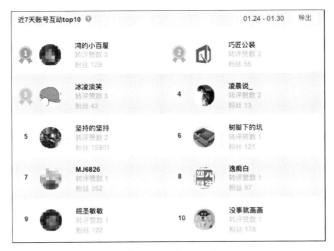

图 4.43 | 近 7 天账号互动 top10

（3）我的影响力

"我的影响力"是微博从活跃度、传播力和覆盖度 3 个维度统计的微博影响力。活跃度指发布微博的频率，发布微博越频繁，活跃度分值越高；传播力指微博内容的阅读量和互动情况，阅读量越高、转发互动越多，传播力越强；覆盖度指 1 条微博发布后的传播覆盖范围，关注者基数越大、影响力越广，则覆盖度越高。"我的影响力"分析如图 4.44 所示。

（4）我发出的评论

微博的互动是双向的。微博不仅鼓励运营者创作优质的内容进行传播和互动，也鼓励运营者自身多进行互动。运营微博不能只追求关注者跟自己互动，运营者自身也应积极出击，主动跟关注者互动，并对关注者的评论和转发进行回复处理。保持频繁的双向互动，既能提高微博整体的互动率，又利于提高关注者的黏性。"我发出的评论"统计情况如图 4.45 所示。

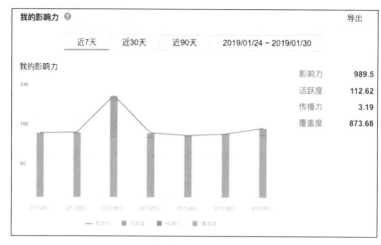

图 4.44 | "我的影响力"分析

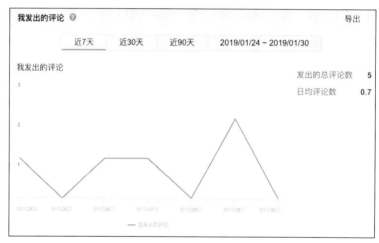

图 4.45 | "我发出的评论"统计情况

从整体上来说，运营微博主要考量关注者、传播和互动 3 个维度的数据指标。三者是相辅相成、相互促进的。有了好的内容，就会有好的传播和关注者增长，进而才能带来互动量的增加。任何一方的短缺，都会造成另外两方数据的下降。运营企业微博，应该以内容为基础，以互动为核心，通过创作优质内容和持续互动来实现曝光传播和关注者增长，这是微博运营保持良性增长的必由之路。

 ## 4.4 微博广告投放

4.4.1 微博知名博主投放

微博知名博主指关注者数量较高、影响力较大的微博大号。通过给微博知名博主付费，让其发布或转发企业宣传性微博，利用对方的影响力实现企业内容传播的过程，就是微博知名博主投放。

微博知名博主投放是一种常见的微博推广方式。企业在进行产品发布或品牌传播时，因为自身影响力有限，可以采用与知名博主合作传播的方式，实现在微博平台的更大范围曝光。一般进行知名博主投放，需要解决 3 个问题：一是选择哪一类型的知名博主账号进行投放，二是有哪些渠道可以联系上知名博主，三是怎么鉴别知名博主的质量。

1. 知名博主账号类型

选择哪一类型的知名博主账号进行投放，首要考量的因素就是用户匹配的精准程度。在投放之前，应该进行受众分析，先确定核心受众，再进行账号的选择。

（1）相同领域

领域相同，则受众相同。选择相同领域的知名博主进行投放，方式较简单，比如美妆行业就选择美妆类大号进行投放，电影领域就选择电影类大号进行投放。当所处行业是大众行业，有对应领域大号时，选择领域大号进行投放即可。

（2）不同领域

若一些行业较小众，在自身领域并没有对应的大号时，就可以选择领域不同但受众相同的大号进行投放。比如私人定制的文创产品，因为受众主要是大学生及职场年轻人，因此可以选择大学生和时尚类大号进行投放。

在相同领域有大号可以投放时，也可以选择不同领域的大号进行投放。比如做瑜伽周边产品的，因为受众是年轻女性，所以美妆类大号也是受众匹配精准的，也可以投放。在知名博主账号的选择上，行业和领域不是核心，受众精准与否才是关键。

（3）地域垂直

有些行业因自身具有地域特色，不能投放全国类型的大号。比如卖家具的，做婚纱摄影的，核心客户群体都是本地用户，所以选择当地大号进行受众匹配将更加精准。

2. 知名博主合作渠道

确定了投放哪些类型的知名博主后，接下来要解决的就是怎么联系知名博主。作为新媒体运营人员，对所处行业有哪些知名博主应该如数家珍，可以直接与知名博主联系合作。但如果是新手，不知道该如何入手时，可以参考以下合作方式。

（1）微博高级搜索

利用微博的高级搜索功能，按行业关键词找人，即可找到对应领域的知名博主，如图4.46 所示。比如想找美妆类大号进行合作，就可以搜索"美妆"，选择"找人"，用户类型选择"个人认证"，搜索出来的排名靠前的用户，就是美妆领域的大号。

点击大号头像，可以进入大号的个人主页，查看其关注者情况和微博内容，如果认为该账号适合投放，可以直接私信联系，或单击左侧简介信息查找联系方式进行沟通，如图4.47 所示。

这是一种较基础的知名博主寻找方法，适用于在昵称、个人简介和标签中包含行业关键词的大号。但一些知名博主的昵称通常是自己的名字，则不易通过这种方式找到。当新人对所处行业完全不了解时，可以采用这种方法联系大号合作，但建议新人深耕所处行业，了解行业内的各类头部账号。

图 4.46 | 高级搜索查找领域知名博主

图 4.47 | 个人简介中的知名博主联系方式

（2）微博微任务

微任务是微博官方的大号资源整合平台，入口为 PC 端微博的"管理中心—营销推广—微任务"。在微任务中根据自身需求，选择适合账号即可完成投放。微博微任务如图 4.48 所示。

如图 4.49 所示，微任务的操作步骤较简单，可选账号较多，但账号的垂直性和针对性较差。企业对大号的要求往往较高，在投放需要深入沟通时，不建议采用这种投放方式。

图 4.48 | 微博微任务

图 4.49 | 微任务操作步骤

（3）第三方平台

第三方平台指新榜、微播易等专门从事新媒体广告投放的平台。在这些平台上，可以发布投放任务或查看对应大号报价，能够非常方便地进行大号投放。图 4.50 所示是微播易的美食类可投放账号截图。

图 4.50 | 微播易美食类可投放账号

第三方平台为企业和各领域大号提供了平台对接服务，有广告需求的企业可以在平台发布投放任务，有大号的自媒体人可以在平台接单，平台会挣流量和佣金，进而可以实现企业、大号和平台的三方共赢。

选择第三方平台进行投放，账号类型较多，投放效率较高，但投放账号的精准度和灵活性较欠缺，只适合批量式的大范围投放。

（4）第三方服务商

第三方服务商指专业从事资源投放业务的个人、团队或企业，可以通过媒介公关渠道或在互联网服务平台上联系到服务商。图4.51所示是在某互联网服务平台搜索关键词"微博大号"找到的服务商，在商家服务介绍里有"微博大号"、知名博主等关键词，可以直接咨询合作。

图 4.51 ｜某互联网服务平台"微博大号"搜索结果

通过第三方服务商进行大号投放，能够较灵活地对账号选择、投放内容等进行沟通控制，是一种效率较高的投放方式。这种方式的弊端是投放费用比直接与大号合作要高。

（5）行业渠道资源

行业渠道资源指新媒体运营人员自己积累的行业资源，在有投放需求时可以直接找熟悉的行业资源进行合作。积累行业资源是新媒体人的必备技能。

前四种都是常规的合作方式，适合新手使用，但效率不高。新手应该慢慢积累自己的行业资源，对于质量好的大号或服务商，可以保持沟通进而形成个人资源，在有新的投放需求时选择与其再次合作或对其进行咨询，即可提高工作效率和投放效果。

3. 知名博主鉴别方式

知道了怎么与知名博主联系，接下来要解决的就是怎么鉴别知名博主的质量。知名博主的鉴别有以下方法，一般按顺序进行。

（1）查看影响力

从手机端访问微博账号的主页，可以看到该账号的影响力数据。如图4.52所示，微博账号"@人人爱郑州"的昨日阅读数是10万+，昨日互动数是1025次，从阅读数和互动数的比例判断，此账号数据较真。

图 4.52 | 微博账号的影响力数据

（2）对比关注者和"转、评、赞"数据

如果 1 个微博账号的阅读数较高，但互动数较低，则说明数据有假。除了看昨日影响力数据外，鉴别知名博主还可以通过对比关注者数量和"转、评、赞"数据来实现，判断账号是否有水分也可以看关注者数量和"转、评、赞"数据，如图 4.53 所示。

图 4.53 | 对比关注者数量和"转、评、赞"数据

（3）评估转评内容真实性

除了看互动数外，还要看互动内容，通过评论和转发的文案可以鉴别互动是真实互动还是"水军"互动。一般真实评论和转发内容都是用户针对博文内容发出的评论，但"水

军"评论基本都是固定话术。如果评论内容都是表情，或者都是类似的话术，或者转发数据高但转发文案都是默认"转发微博"，则可以高度怀疑是"水军"转评。图4.54所示是截取的1个知名博主的转发过千的微博，所有转发都不带用户评论。

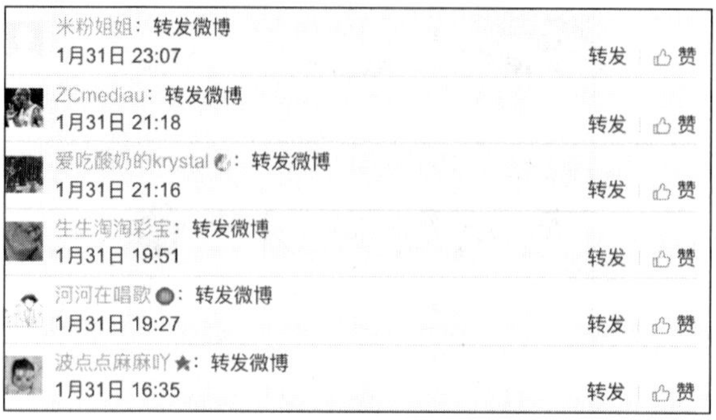

图 4.54 | 评估转评内容真实性

（4）转评信息是否可查看

另一个通过转评鉴别的方法是，转发或评论的转评内容是否可以查看，如果只有个别转评内容可以显示，大量转评内容无法查看，并提示"由于部分用户进行定向转发，你无法查看剩余转发内容"，则可以高度怀疑转评数据是"水军"所为。图4.55所示即为转评内容被微博官方屏蔽掉无法查看。

图 4.55 | 转评信息是否可查看

（5）鉴别转评用户昵称

鉴别账号真假及是否有水分是一个综合分析的过程，不能单纯从某一个数据的不正常来断定其为假。如果从转评互动中不能断定，还可以分析参与转评的用户昵称。

一般正常用户都会给自己起一个正常的名字。如果参与转评的用户名字都很奇怪，比如都带特殊符号、无意义数字、随意的字母等，那么就有理由怀疑这些用户的真实性。

如图4.56所示，这条微博的评论文案虽然各不相同，但所有参与评论的用户昵称都很奇怪，由特殊符号、字母乱拼在一起，因此可以怀疑这些账号是"水军"账号。因为"水军"注册账号时，都是由机器生成的，比较随意。而评论文案正常，是因为可以先人工写好文案，再导入系统让"水军"账号发布。

（6）查看转评用户的关注者

当怀疑参与转评的用户为"水军"时，除了可以查看关注者昵称，还可以进入该用户主页，查看他的关注者真假。"水军"的关注者通常是更假的"水军"。图 4.57 所示是图 4.56 中"@濯香人、_"用户的关注者列表，可以看到他的关注者昵称都很奇怪，由此可以推断该账号参与评论的微博有水分，原博主账号在作假刷数据。

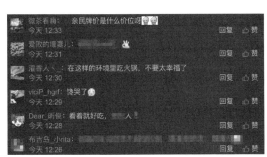
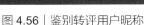

图 4.56｜鉴别转评用户昵称　　　　　　　　图 4.57｜查看转评用户的关注者

（7）分析转评用户博文

除了通过分析参与转评用户的关注者外，还可以通过分析转评用户的微博内容来鉴别其真伪。一般"水军"账号的微博内容除了转发的广告之外，都是定时发布的微博。图 4.58 所示是"@濯香人、_"的微博内容，都是大段的文字加 1 张配图，涉及如何做饭、明星娱乐、汽车配饰、搞笑段子、养生知识等，内容涵盖表较广。

图 4.58｜分析转评用户博文

从微博内容基本可以断定他就是僵尸账号了。这样的微博都是由机器自动发布的，内容从素材库随机选择，所以什么内容都有。微博官方有针对"水军"的防作弊机制，所以僵尸账号要经常更新微博保持活跃度，以免被微博官方屏蔽。

（8）分析知名博主整体博文质量

如果综合利用以上方法仍然不能分析出知名博主账号的真伪，还有一个方法就是综合分析知名博主的微博内容质量。

一个真正的知名博主一定是有独特的优质内容的，不然其将无法吸引用户关注。反之，如果知名博主微博内容非原创、没特色，还都是广告，就不值得投放合作。

从另一个角度来说，寻找知名博主合作，当然要综合分析其账号的质量。不仅要看其关注者数量和影响力，还要看其内容特色和格调，如果内容不够好，那么与该知名博主合作推广也不会获得好的效果。

4.4.2 "粉丝头条"投放

"粉丝头条"是微博官方的广告产品，用户可以通过"粉丝头条"对自己的博文进行付费推广。顾名思义，"粉丝头条"是把推广微博以头条的形式展示在被推广者的信息流里。"粉丝头条"因其简单的推广方式和灵活的推广设置深受企业和个人用户的喜爱，是微博轻量级的推广产品。

"粉丝头条"入口：进入个人主页，在任何一条微博阅读量的右侧找到"推广"二字，单击即可进入"粉丝头条"。"粉丝头条"投放效果如图4.59所示。

图4.59 ｜ "粉丝头条"投放

1. 推广类型

如图4.60所示，"粉丝头条"可以把一条微博推广给四类用户：我的关注者、潜在关注者、兴趣用户和指定账号关注者的相似用户。

（1）我的关注者

推广者可能会有疑惑，为什么要把自己发的微博推广给自己的关注者，自己的关注者不是能看到自己发的微博吗？这是错误的认识，任何人发的微博，他的关注者不一定就能看到。

一条微博能被多少人看到，和这条微博的质量有关。微博平台会通过互动量等因素来判定微博的质量，低质量微博会被减少展示，因此即使是你自己的关注者，也未必能看到你发布的微博。而且微博的发布时间跟关注者的浏览时间如果间隔过长，信息下沉后关注者也未必能看到。

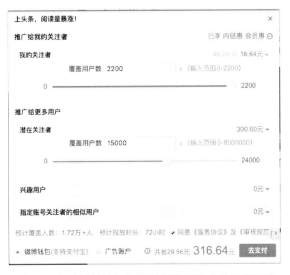

图 4.60 | "粉丝头条"可以把微博推广给四类用户

（2）潜在关注者

潜在关注者是微博平台根据你的社交关系和内容属性，通过算法推荐给你的关注者，是微博自动匹配的潜在用户。当选择了这一类型的投放后，"粉丝头条"就会把你的微博展现给潜在关注者。

（3）兴趣用户

兴趣用户是微博平台按标签筛选出的各种类型的用户，投放者可以根据自己的需求对各类用户进行精准投放。如图 4.61 所示，如果是动漫类产品，可以选择"动漫"这个标签把自己的微博推广给关注动漫内容的用户。

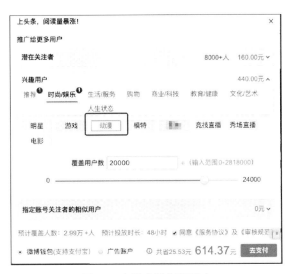

图 4.61 | 推广给兴趣用户

（4）指定账号关注者的相似用户

指定账号关注者的相似用户是指可以把自己的微博投放给与某一微博账号的关注者相似的用户。这个相似用户是微博平台用算法推荐的。

比如一家做空气净化器的厂商，可以把自己的微博投放给其他净化器厂商的微博用户。如图 4.62 所示，搜索"空气净化"这个词，找到"@小米空气净化器"等微博用户，"粉丝头条"就会把微博投放给这些微博用户的关注者，从而实现精准投放。

图 4.62｜指定账号关注者的相似用户

2. 推广方式

"粉丝头条"的推广方式较简单，在确定了推广类型和推广内容之后，只需要根据推广预算或推广人数同步调整，即可确定最终的投放花费和推广覆盖人数。

如图 4.63 所示，选择"兴趣用户"中的"动漫"，能看到最多可以投放 2818000 人，在覆盖用户数中输入想投放的用户数或者左右拖动进度条，即可看到投放金额随推广人数而变。确定投放费用或推广人数后，单击"去支付"即可完成投放。

图 4.63｜确定投放花费和推广覆盖人数

3. 推广技巧

"粉丝头条"的推广过程较简单，但需要根据"粉丝头条"的特性调整推广方式，才能实现较好的推广效果。

（1）提升精准度

任何投放的受众精准度都决定着投放效果，"粉丝头条"投放也要在可选择的范围内提升精准度。在四类用户中，兴趣用户和指定账号是可以控制精准度的，所以在兴趣用户的标签以及指定账号的选择上，要尽量匹配核心受众。

兴趣用户只能按照标签选择，无法控制性别、地域、年龄等因素，所以精准度有限，可适量投放查看效果。在标签选择上，优先推荐"人生状态"选项，不同状态下的用户需求较明确，可以精准地找到大学生、求职者、职场新人、宝妈等人群，有对应客户群体时投放相对会更精准。

在指定账号的投放上，建议不要选择明星、知名博主等账号，其相对而言不够精准，可选择同行业同领域内关注者影响力适中、相对垂直的账号进行投放，这样转化效果会更好。

（2）指定账号优先

在进行"粉丝头条"投放时，除了投放给自己的关注者最精准外，推荐优先选择指定账号进行投放。指定账号因为可选择，受众的地域、性别、特性等因素可控，相对来说投放更精准。但指定账号的投放难度在于需要提前做好调研工作，并在整个微博平台挖掘出匹配度最高的账号进行投放，这样才能实现更好的投放效果。

（3）逐步提升力度

"粉丝头条"的投放特点是付费后开始投放，投放完成后生成投放效果报表，中间无法根据投放效果调整投放计划。如果一次投入费用过多，但效果不理想，就会陷入非常被动的局面。因此在使用"粉丝头条"投放时，推荐先投入小部分费用进行投放测试，一两天就可以完成一次投放周期，然后根据投放效果调整投放计划，有了满意的投放效果后再逐步加大投放力度，这是较可取的投放方式。

4.4.3 "超级粉丝通"投放

"超级粉丝通"是微博商业体系下的信息流产品，具有全屏展现、立体定向、智能投放、数据追踪等特点，能够根据用户属性和社交关系将信息精准地投放给目标人群，是企业社会化营销的精准投放利器。

"超级粉丝通"在 PC 端微博的入口是：管理中心—营销推广—广告中心。"超级粉丝通"拥有丰富的展示形式和投放方式，是一款灵活性较高的广告产品。

1. 基础信息

（1）展示形式

"超级粉丝通"提供有原生博文、大图卡片、视频卡片、一键加购、九宫格等多种展现形式，能够满足企业品牌曝光、关注者转化、网站访问、产品销售、应用下载等多种营销需求。图 4.64 所示是"超级粉丝通"原生博文和九宫格广告的展示形式。

（2）展示位置

"超级粉丝通"投放的广告主要展示在微博主信息流、分组信息流，移动端微博评论流、热门微博流、热门搜索流等场景中。图 4.65 所示是"超级粉丝通"在特别关注和微博评论中的展现效果。

图 4.64 │ 原生博文和九宫格广告

图 4.65 │ 特别关注和微博评论展示

（3）出价方式

"超级粉丝通"有常规的 CPM 和 CPE 出价方式。CPM 指按展现次数付费，CPE 指按互动次数付费。CPE 看似更加划算，但失去了通过用户数据对微博质量进行的判断。CPM 能够最优化获得的高质量流量，同时能够根据展示次数及互动次数的比率判断博文质量，从而对微博内容进行调整优化。

除 CPM 和 CPE 外，"超级粉丝通"还有定价保量（CPM）和智能出价（OCPM）两种个性化出价方式。定价保量的出价方式能够最大化保证广告覆盖的人数，适合中大型企业发布新产品或做活动时采用。智能出价则能够设置投放上限，控制预算花费速度，适合夜间投放。

2. 投放优势

"超级粉丝通"作为信息流广告的一种形式，依托微博的开放式社交关系，在商业投放上有其自身的特点及优势。

（1）海量优质用户

微博平台有超 4 亿的活跃用户，有近 2 亿的日活用户，并且超 80%的用户年龄在 30 岁以下，接受过高等教育的占 80%左右。整体来说，微博平台用户质量高、消费能力强，是企业优质的目标用户群体。

（2）精准用户画像

微博作为开放式社交平台，在对用户属性的把握上远超其他平台。微博的大数据人群画像，能够让企业精准触达核心消费者，定向投放目标人群，使投放效果最大化。

（3）多维社交传播

微博汇集了明星、KOL 和海量普通用户，用户间立体的社交关系可以让投放更加多维。基于 KOL 社交关系的传播让投放更加富有黏性，在提升用户质量的同时，还可以提升投放转化效果。

（4）情景化数据挖掘

"超级粉丝通"除提供微博官方数据支持外，还打通了多家第三方数据平台，方便企业选用多平台各类型情景数据。同时，"超级粉丝通"还支持加密的企业自定义数据，方便企业导入自身数据，让客户管理和投放更有针对性。"超级粉丝通"的情景化数据挖掘功能为企业进行精准投放提供了强大的数据支持。

3. 投放技巧

投放讲究投入产出比，实现投放效果的最大化是运营人员的工作追求。但目标用户、微博素材内容、投放出价等因素都将时刻影响着投放效果。在具体投放中，可以通过持续优化用户、素材、账号等内容，提升"超级粉丝通"的投放效果。

（1）用户精准化

用户的精准程度是决定投放效果的最核心因素。在投放之前，应该对目标投放群体的属性及标签进行分析，根据属性进行精准化投放。除了用户自身属性外，还应考虑用户的设备、网络等情况，向精准的用户和在合适的场景去展现投放内容。

图 4.66 所示是在线新媒体课程的投放受众用户属性。除用户年龄、兴趣等基础用户属性外，还在指定账号、人生状态、指定话题上进行了定向选择，使用户的精准性更高。在实际的投放过程中，用户的属性选择是需要不断调整和优化的。

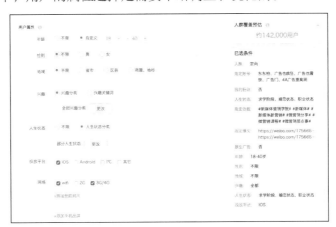

图 4.66｜用户属性

（2）素材视觉化

信息流广告抓住用户的时机转瞬即逝，应该通过提升素材的吸引力，提高用户对广告的关注。让广告素材具有更佳的视觉效果是提升吸引力的方式之一。在广告形式的选择上，可以利用九宫格配图、大图卡片、视频卡片等提升素材的视觉吸引力，从而提高用户关注度。

图 4.67 所示是视频广告的展现形式，通过自动播放的视频和购买按钮，提升用户注意力和转化效果。

图 4.67 | 视频广告

（3）内容情绪化

内容情绪化指在投放微博的文案上下功夫，通过让文案更加情绪化，来提升用户参与的积极性。图 4.68 所示是每日优鲜的广告创意。文案"再次强调一遍：这是只有苹果用户才有的优惠"营造了大量疯抢专属优惠的错觉，让看到广告的用户不自觉地想要参与，以免错过福利。

图 4.68 | 内容情绪化微博

在投放时，可以选择只展示此广告给使用苹果手机的用户。同样，可以针对安卓手机用户或者华为手机用户等再进行针对性投放。情绪化的内容创作技巧配合定向投放是提升"超级粉丝通"投放效果的方法之一。

（4）账号人格化

账号人格化指不使用企业官方微博进行投放，而是使用生活化、人格化的账号进行投放。官方账号的投放，会让用户一眼看出是企业广告，容易产生逆反心理，不利于提升转化。采用人格化的账号进行投放，用户直觉上会以为是普通用户发的微博，更容易建立信任并查看广告内容。

图 4.69 所示是某潮流单品交易 App 的应用下载广告，以"潮鞋评测师"的账号发布，与用户建立了好感的同时传递了价值，比直接用企业账号提示用户进行 App 下载更有吸引力。

图 4.69｜人格化账号

（5）投放多样化

投放多样化指在投放时建立多个不同的广告计划，将各种类型的广告同时投放，通过进行投放效果对比，对投放效果好的广告计划加大投放预算。选用此方式的好处是在投放初期能够多样化试错，更快速找到投放方向，并通过优中选优持续优化，提升投放的转化率。图 4.70 所示是持续一周的投放数据截图，可以通过不断调整投放内容，持续优化投放效果。

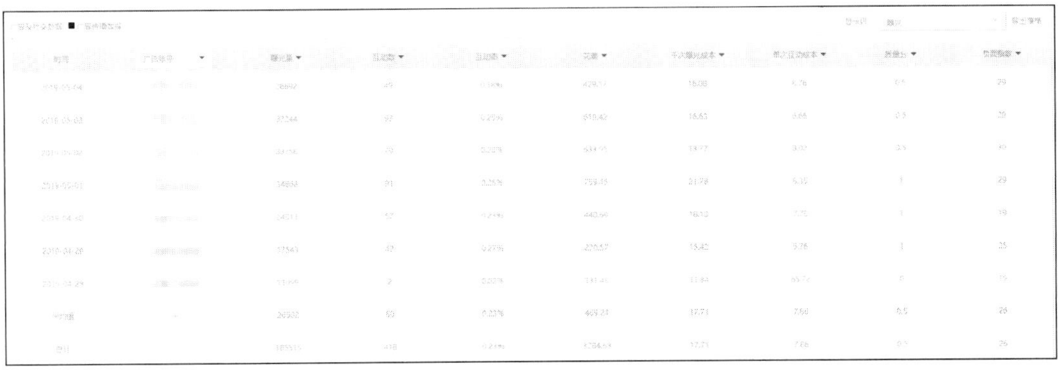

图 4.70｜投放数据截图

"超级粉丝通"是微博重要的广告产品，也是企业可以选择的核心投放平台。熟知"超级粉丝通"的产品形态并掌握其投放技巧，是新媒体运营人员的必修课。

4.5 微博运营技巧

4.5.1 微博互动技巧

微博运营的秘诀不是发内容,而是要互动。在企业微博的运营过程中,要有互动思维,要时时刻刻与用户互动,以下分享5种互动技巧。

1. 评论互动

微博运营初期是原始积累的阶段,要通过持续大量的互动来积累原始关注者。如果运营人员精力足够,则要对用户的每一条评论都回复互动。初期这样做能够极大地维护好关注者关系,逐步积累真实关注者,激活微博的社交氛围。图4.71所示是"@五芳斋"对关注者的评论进行回复互动。

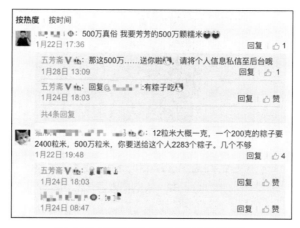

图 4.71 | 五芳斋与关注者的评论互动

2. 内容互动

互动是一种思维方式。在打造微博内容时,每一条微博都应该是有互动思维的,都应该是在与关注者对话。图4.72所示是五芳斋就春节这个话题与用户互动。

图 4.72 | 五芳斋与关注者的内容互动

3. 话题互动

当不知道如何与关注者互动时,可以尝试创作一些互动话题。定期或不定期地发布话题微博,引导用户评论留言或晒图互动。在长期的互动中,用户会养成看到话题就参与讨论的习惯,形成良好的互动氛围。

图 4.73 所示是五芳斋的话题"#聊聊聊斋#"，其与前面提到的"#杜绝胡说#"异曲同工，使用了相同的运营技巧——日常微博创作的话题互动策略。

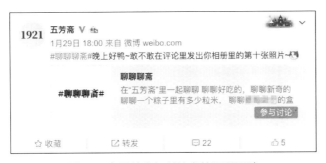

图 4.73 | 五芳斋与关注者的话题互动

4. 活动互动

除了发起话题进行互动之外，还可以通过策划活动来实现互动，增强用户黏性。比如日常的留言、点赞送礼品活动，在转发中留言或晒图的有奖转发活动。策划新媒体活动，让大家转发赢奖品不是关键，激发用户的参与积极性才是关键。微博活动的策划，一定要有互动基因，要通过参与让用户与你加深关联。

图 4.74 所示是京东与五芳斋的联合活动，通过填空转发的方式，把一个有奖转发活动变得有趣、有意义，让关注者更有参与感，活动主题也在互动中得到阐释。

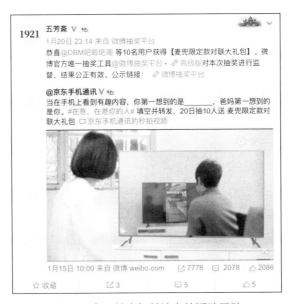

图 4.74 | 五芳斋与关注者的活动互动

5. 搜索互动

除了在自己的微博与关注者互动外，还可以主动出击，通过微博搜索与潜在用户互动。图 4.75 所示是作者发布的一条关于自己感冒的微博。这是企业微博与潜在用户互动的很好方式，通过搜索抓取关键词，找到潜在客户，评论留言实现曝光，能够加深用户对品牌的印象和好感度。

图 4.75｜康泰克与潜在用户的搜索互动

以上分享了微博运营的 5 种互动技巧。但互动技巧远不止这 5 种，有了互动意识，就可以在微博运营的方方面面与用户互动。

4.5.2　打造微博矩阵

微博矩阵指的是企业不只运营一个企业官方微博账号，而是多账号分工协作、同步运营，有节奏地相互互动、转发、传播，实现矩阵式传播效果。

1. 微博矩阵作用

打造微博矩阵的一个好处是能够为微博的运营提供互动势能和传播势能，提高传播声量，扩大传播效果。另一个好处是能够对企业微博进行详细的分工定位，不让一个微博承担所有的传播责任，把公关、产品、营销、客服等功能通过不同的账号进行分工，明确各自责任，更有针对性地满足用户需求，同时降低对用户的干扰。图 4.76 所示是在微博搜索"华为"出现的华为的多个官方账号，从它们的简介就可以看出各个账号的不同定位。

图 4.76｜华为的多个官方账号

2. 微博矩阵的类型

根据定位和需求的不同，运营人员会设置不同类型的微博矩阵，常见的微博矩阵有如下 5 种。

（1）全员参与型

全员参与型是传统的微博矩阵类型，常见于企业有一个官方微博，为了实现更好的传播效果，从 CEO 到员工都运营自己的微博，对企业微博发布的内容进行互动传播。

图 4.77 所示为小米手机的矩阵传播效果图（来自数据分析工具"知微"）。小米手机是社会化营销的先行者，在初创阶段就开始进行矩阵式传播，从 CEO 雷军到普通员工，都会在微博平台传播小米手机的相关信息。

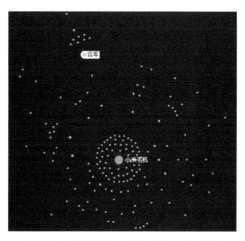

图 4.77 | 小米手机的矩阵传播效果图

（2）产品划分型

大企业通常按产品类型运营微博、打造矩阵。各产品之间既独立运营，又相互合作传播。小米就是典型案例。在公司创立初期，小米只做手机，但近几年公司发展策略转变后，拥有了多个影响力产品，各个产品都有自己的官方微博，彼此之间形成矩阵。

如图 4.78 所示，在微博搜索"小米"，会看到小米公司、小米手机、小米电视、小米商城等几十个企业官方微博。当小米发布新手机时，小米的其他产品微博也会同步转发传播，实现产品影响力在微博平台的最大化覆盖。

图 4.78 | 小米的多个官方账号

（3）功能划分型

微博矩阵除了可以按产品划分外，还可以按功能划分。一家企业可以拥有新闻发言人、营销、客服等多个不同功能的微博，每个微博各司其职，实现矩阵式传播。图 4.79 所示是京东发言人、京东招聘等各功能类型官方微博账号。

图 4.79 ｜ 京东各功能类型的官方微博账号

（4）品牌合作型

品牌合作型指多个品牌之间形成传播矩阵，联合发起活动和话题，实现整合影响力的矩阵式传播。打造品牌合作矩阵能够提高传播声量，各品牌关注者之间可以相互转化，实现多赢。图 4.80 所示是海尔发布的一条转发抽奖微博，联合了旺仔、极路由等上百家企业联合传播。

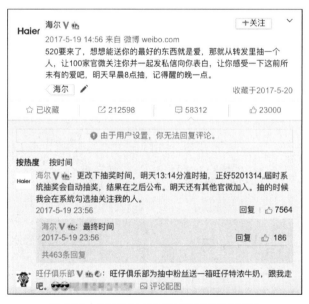

图 4.80 ｜ 海尔与上百家品牌官微联合活动

打造品牌合作型微博矩阵,一是可以共同进行大型活动传播,实现活动效果的最大化;二是可以在日常的微博运营中进行互动传播,让传播效果翻倍。

（5）综合型

综合型是指企业并没有完全按照产品或功能的划分去打造微博矩阵,而是根据企业现状,把能调动的个人微博、产品微博进行综合利用,共同传播。对大多数企业来说,这是较现实的矩阵打造方法,只要有矩阵营销思维,即可在运营微博时有新的思路和方法,这也是企业首选的矩阵打造类型。

3. 微博矩阵运营技巧

打造微博矩阵,不能只有矩阵之形,还应充分发挥矩阵的优势和作用,让矩阵真正为传播效果服务。运营微博矩阵,有 3 大核心技巧。

（1）有主次

有主次指微博矩阵账号不管有多少,一定要有主有次。根据账号定位确定核心账号,在运营中把主要精力放在核心账号上,让核心账号成为大号。核心账号首先要有自己的责任和定位,然后才是传播任务。其他账号为辅助类账号,主要任务就是传播。主次账号的划分能够明确运营重点,确定运营方向。

（2）有节奏

微博矩阵账号应该有节奏地传播,而不是一哄而上同时转发。常规情况下,传播内容由核心账号发布后,先小范围传播,其他账号再根据传播规律有节奏地转发传播。传播效果的呈现有一个周期,要充分发挥矩阵传播的势能,在关键时间节点持续传播,让矩阵传播效果最大化。

（3）织网络

微博矩阵的账号要相互打通、相互连接,成为互通有无的矩阵网络。矩阵体现了微博的社交精髓,织网络则把微博的社交基因发挥到了极致。有了相互打通的传播网络,信息在传递和互动过程中才会没有障碍,才能实现真正的高效传播。矩阵账号之间形成传播社区,把微博盘活,再加上有节奏的传播,能充分发挥矩阵传播的优势。

打造企业微博矩阵,能够充分利用微博平台的特点,实现企业传播目的,这是一种高效的微博运营技巧。矩阵式传播不只是微博平台的专属,目前整个互联网运营都在朝着社交化、矩阵化转变。所以,把矩阵思维运用到运营工作中,是一种时代要求。新媒体运营人员应该充分理解并掌握矩阵营销方法,为企业传播助力。

4.5.3 热门话题势能

热门话题有天然的流量和互动热度,进行热门话题创作,能利用热门话题的势能,实现微博品牌曝光和互动量的双向增长。本节分享 4 条热门话题创作的技巧,在进行具体创作时,可以一一对应,提升创作的质量和正确率。

1. 创作要及时

新闻每天都在发生,热点更是层出不穷,大众的兴奋点也随之更迭变化。进行热门话题创作要及时,在热门事件发生后,要立即投入创作,在话题量持续增长时,抛出创意,参与到话题的传播中去。这是跟热点的第一要素。

想要成功利用热门话题创作，就要保持对信息的敏锐度，在事件发生后立即做出判断，立即参与进去。

2. 内容要独创

热门话题创作是一种创意，要保证原创度和独特性。没有独特创意的热门话题创作是没有灵魂的，是不会对品牌传播有任何实质性的促进的。热门话题创作的核心是要原创，更要独创。

3. 符合品牌调性

不同的品牌有不同的品牌理念和品牌调性，各个热点所传达的意义也不尽相同。在进行热点创作时，创意人员要选择符合自己品牌调性，有利于品牌理念表达的热点进行创作。对那些低俗的、负面的、浮夸的话题，要与其保持距离，以免损害自己的品牌形象。

4. 融合品牌表达

融合品牌表达就是要把自己的品牌内涵和主张融入热点，借热点之势表达自己。很多运营人员往往只关注了热点本身，而没有通过创作实现一语双关。所谓一语双关，就是通过创意或文案，既表达对热点事件的参与和态度，又表达自己的品牌特色或理念。

以上 4 点既是技巧，也是热门话题创作的必备要素。任何一次热门话题创作，都要同时符合以上 4 点，才能产出准确的有利于品牌的热点内容。

4.5.4 精准客户挖掘

企业进行微博运营，除了要实现品牌曝光、增加关注者之外，还要把曝光和关注者转化成购买力。关注者只是微博运营的阶段性目标，代表着潜在消费客户。在微博平台，除了慢慢经营关注者、把关注者转化为消费者之外，还有其他挖掘精准客户的方法。

1. 挖掘方法

如图 4.81 所示，利用微博的高级搜索功能，通过关键词搜索，挖掘精准客户。

图 4.81 | 精准挖掘客户

微博高级搜索可以按照微博类型，抓取不同时间、不同地点的微博内容。微博平台每天更新数以亿计的微博信息，这些信息透露着用户各种不同的需求。利用关键词搜索功能，通过不同关键词的设置，能直接找到有对应需求的用户。

例如，一家在郑州新开的火锅店，想要挖掘郑州地区爱吃火锅的用户，可以搜索"想吃""火锅"两个关键词。如图 4.82 所示，地点选择河南郑州，时间选择近两周，就能找到近两周在郑州地区想吃火锅的用户。

图 4.82｜利用关键词进行精准搜索

图 4.83 所示是搜索结果的局部截图，可以发现，挖掘到的用户非常精准，都是表达了自己想吃火锅的用户。火锅店官方微博通过关注并评论的方式，就可以与潜在客户进行连接。

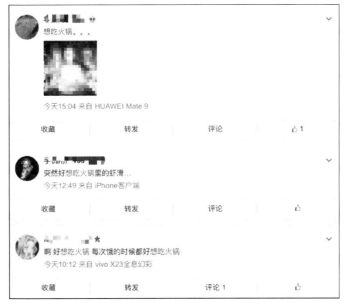

图 4.83｜搜索截图

如图 4.84 所示，共搜索到了 19 页（第页 20 条）信息。相当于以"想吃""火锅"为关键词，在郑州地区挖掘到了近两周想吃火锅的近 380 个精准客户。

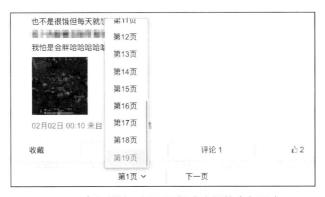

图 4.84｜郑州地区近两周想吃火锅的全部用户

2. 挖掘技巧

（1）用户思维

在搜索时不能只搜索"火锅"，要搜索"想吃""火锅"。多一个关键词搜索的精准度会更高，而且"想吃"这个词更符合用户思维。用户发微博都是在表达自己，搜索时就要思考用户的表达方式，以用户可能发布的微博内容为基础设置关键词，则挖掘到的信息会更准确。

比如一家卖祛痘化妆品的企业在挖掘客户时，就不能搜索"祛痘"，否则会抓取大量无用的营销信息。搜索"祛痘"的结果如图4.85所示。

图4.85｜关键词仅为"祛痘"的搜索结果

那么应该怎么搜索呢？切换到用户思维，当用户脸上长痘痘时会说什么呢？可能会说"又长痘了"或者"满脸都是痘痘，好烦啊"。所以，我们可以搜索"又长痘了"或者"满脸痘痘""好烦"这两组关键词，抓取结果会更精准。

图4.86所示是搜索"又长痘了"抓取到的信息，可以看到结果精准了很多。浏览多页搜索结果后，发现有80%的信息都是真实用户发的有效信息。

图4.86｜关键词为"又长痘了"的搜索结果

图 4.87 所示是搜索"满脸痘痘""好烦"这组关键词抓取到的信息，同样很精准。而且这组关键词抓取到的用户，明显已经受到痘痘的困扰，他们才是祛痘产品的强需求用户。

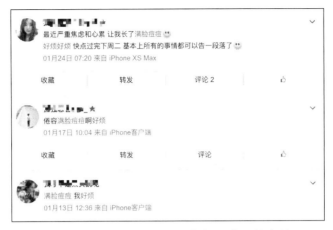

图 4.87 | 关键词为"满脸痘痘""好烦"的搜索结果

（2）拓展词库

为了挖掘到尽可能多的精准用户，要持续拓展词库，使用不同的关键词，才能提升挖掘到的信息总量。在拓展词库时，既要有用户思维，又要有发散思维，要想想潜在用户都有哪些表达的可能性。

比如郑州火锅店的案例，除了搜索"想吃""火锅"外，还能搜索什么呢？可参考以下关键词：想吃+火锅、想吃+涮锅、想吃+辣、想吃+海底捞、想吃+毛肚、想吃+四川、想吃+羊肉、想吃+麻辣烫、火锅+好吃、下次去吃+火锅。

可以看到，这 10 组关键词不仅与火锅有关，还与火锅的菜品、口味有关，甚至包含火锅品牌"海底捞"。这些关键词组成的词库，能大大提高挖掘到的潜在客户的数量。这就是词库的拓展技巧：站在用户的角度，以不同的语境进行口语化表达，提炼出句子中的关键词，即可以组成关键词组。

（3）筛选时间

挖掘到潜在客户后，可以进行互动沟通，但要注意时机。不能用户一年前想吃火锅，现在才去邀请他。在高级搜索中，最好选择近两周的信息，即时对用户的需求进行回应。筛选搜索时间如图 4.88 所示。

图 4.88 | 筛选搜索时间

有些行业的用户基数较小，如果只抓取近两周的信息，用户数太少，就可以不限制时间。但要注意互动时的话术，要针对之前的场景以现在的时间维度去做回应。

3. 互动技巧

（1）与用户做朋友

微博是社交平台，找到潜在客户之后也要先社交，通过互动关怀用户，与用户做朋友。互动本身就是在进行品牌曝光。图 4.89 所示是康泰克主动对作者关于感冒的微博进行评论，这就是一种互动示范。

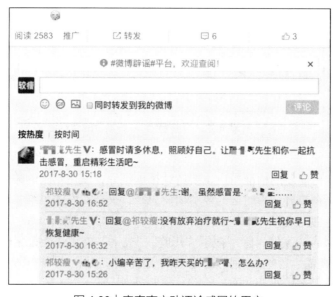

图 4.89 | 康泰克主动评论感冒的用户

（2）话题引导营销

用户往往有需求时才会主动问询产品。企业则可以在评论互动中慢慢引导话题，逐渐将用户引到产品上来，切记不能进行硬性推销。

（3）客户管理与维护

一些垂直性行业还可以关注用户并分类备注，即进行客户管理。当用户更新微博时，时常评论、点赞互动，久而久之，用户便会与你成为朋友。关系得到巩固后，企业就可以策划针对微博用户的特权活动，以专属福利形式推给用户，实现销售转化。

微博高级搜索功能是很好的直接接触潜在用户的入口，但需要注意此方法有行业限制。针对用户日常接触较少的一些产品或行业，如企业用户的相关产品（电梯、办公耗材等），或者较私密的需求（如不孕不育等），用户并不会发布相关微博，因此不能通过此方法挖掘客户。

一些细分行业用户较少，发微博的更少，因此抓取效率也不高。还有一些针对中老年人群的产品，也无法直接抓取精准用户。

关键词搜索的潜在客户挖掘方法只适用于大众消费品行业和年轻用户群体。只要是与用户日常生活场景贴近的产品，用户就会在微博平台提及或表达相关需求，等达到一定的用户基数后，企业就可以通过此方法获取精准的潜在客户。

本章小结

　　微博作为重要的社交平台，其营销生态较完善，各类企业都可以在微博实现自己的营销价值。本章内容从微博基础知识到企业微博，再到投放和运营技巧，较全面地讲解了微博从定位到推广的相关内容。新媒体运营人员应该深刻理解微博的特性，熟悉微博平台的操作，体系化掌握微博运营推广的方法，并在实战中不断提高自己的微博运营推广能力。

练习题

　　1．选择 3 个快消品品牌，对它们的微博完成人格化定位设置，并分别写出 6 个符合品牌定位的微博文案。

　　2．撰写 1 篇优质微博内容，并完成 50～100 元的"粉丝头条"条投放，总结投放效果。

　　3．组成团队实战项目，利用微博高级搜索功能，设置 10 组关键词，为项目完成 200 个潜在精准客户的挖掘，并与其进行微博互动，最后总结挖掘及互动效果。

第 5 章

微信运营

学习目标

  了解微信基础知识，掌握微信运营和推广技巧；熟练掌握图文排版、微信内容打造、数据分析等技能；熟知微信增加关注者、微信店铺搭建、小程序及社群运营等知识。

本章重点

  本章重点介绍以下核心内容：首先，了解微信基础知识，熟悉微信平台特点，完成微信公众号的注册与设置；其次，掌握公众号基础运营技能，学会微信图文排版、公众号内容打造、公众号图文数据分析等技能；再次，熟悉微信各类增加关注者手段，能从理论层面对关注者增长形成自己的方法论；最后，在微信拓展技能方面，熟知微信商城搭建方法，对小程序运营和社群打造等有认知并具备一定的实践能力。

5.1　微信基础知识

5.1.1　了解微信

微信是目前国内应用最广泛的社交应用之一。自 2011 年 1 月由腾讯推出以来,因其强大的产品能力和良好的用户体验,迅速覆盖全国,目前移动端覆盖率超 94%,月活跃用户数超 10 亿。

微信不仅覆盖率高,用户使用时长也名列前茅。微信因其庞大的用户基数和超强的用户黏性,已成为企业重要的社交营销平台。公众号、微信支付、小程序等微信产品成为企业重要的营销工具,微信官方也在促进微信内部生态的发展。因此,了解微信并掌握微信运营技巧,是新媒体运营人员的必备技能。

5.1.2　微信核心功能及生态

微信作为目前覆盖率最高的移动应用,其功能还在不断演化和拓展中,并且已在多个方面建立起了有壁垒的生态。以下从微信核心功能角度入手介绍微信生态的核心内容。

1. 微信对话、群、朋友圈

社交功能是微信的核心和根基。微信通过对话、微信群及朋友圈建立起了较封闭的社交环境,私密性较好,好友之间必须通过验证才能建立起社交关系。这一点与微博截然不同,微博是开放式社交,任何人都可以关注任何人。所以微信更偏重熟人社交。

微信的熟人社交功能让其具有超强的社交黏性。通过精炼的产品设计,微信能够方便地进行文字、语音、视频对话;微信群的 100 人自动进群和 500 人上限功能,让群聊能保持较长周期的生命力;朋友圈较私密的评论和点赞机制,让互动活跃度能保持较旺盛的生命力。微信的社交功能因其较克制的产品理念,减轻了用户社交的压力,也因此让微信成为最重要的社交工具。

2. 公众号

公众号通常指订阅号和服务号,是微信为个人创作者、企业和机构提供的内容创作和服务平台。使用者可以通过公众号发布内容、提供服务,从而吸引关注者,实现用户转化。公众号目前已成为重要的自媒体平台、企业服务平台和媒体政务平台。

自媒体作者可以通过公众号进行内容创作,积累关注者和流量,并把流量转化为收入。企业通过公众号进行品牌宣传、用户管理和产品销售等,可以完成企业营销的全流程。媒体可以通过公众号发布新闻资讯,触达更多互联网用户。政府机构利用公众号,能够更便捷地提供公共事务服务。

3. 企业微信

企业微信是微信为企业提供的专业办公管理工具。企业微信能与个人微信打通,让企业实现高效办公和管理。企业微信预设打卡、审批等 OA 应用,并提供丰富的第三方应用供企业选择,其还支持 API 接入自有应用、微信聊天记录转发、通信录管理、视频会议、企业支付等功能。

4. 微信支付

微信支付作为微信的基础设施建设，是微信生态的重要一环。微信支付通过红包大战功能迅速普及，完成了互联网用户线上支付习惯的培养，并打通了用户的线上金融体系。微信支付的普及，为微信生态圈的建设提供了关键保障，让微信成为了中国移动支付市场的核心参与者。

5. 小程序

小程序是微信内的轻应用，可以理解为微信内不用下载的 App。因其具有无须安装、触手可及、用完即走的优点，再加上自带社交属性，其在微信生态内发展迅速。

小程序在高频次消费和连接线上线下的场景中有强烈的使用需求，在使用过程中较易产生曝光、流量和消费。目前小程序在游戏、电商、餐饮、教育等领域应用广泛。

6. 看一看

看一看是微信近两年着力推广的新的流量入口。在之前的版本中，看一看内容只是大数据推荐的资讯信息流，但资讯内容参差不齐，对用户的吸引力有限。微信 7.0 对看一看功能进行了升级，展示信息默认为好友在公众号里点"好看"的文章，而原来的信息流内容则展示在精选里。

7. 微信短视频

随着抖音、快手等短视频应用的风靡，微信 7.0 也新增了短视频功能，用户可以在个人主页通过下拉方式拍摄短视频，并可以对视频添加音乐、字幕等。以此方式发布的短视频在微信群、朋友圈等处会有提醒，好友查看后可以点赞。

微信朋友圈原来可以发布 10 秒小视频，但因视频不可编辑，视频质量整体较低。微信短视频功能的推出，是对朋友圈小视频的补充，同时也是跟随火热的短视频大势，以更符合用户需求的可编辑视频形式，助力微信社交内容的多样化。

以上 7 项内容是微信已经发展成熟或正在不断完善的功能，代表了微信建立的不同方向的生态。从整体来说，微信已成为超级 App，包含了社交、资讯、购物、游戏、服务、支付等方方面面，微信以其强大的产品能力，成为了我们日常生活中不可或缺的一部分。

5.1.3 企业微信运营重点

微信虽然功能众多，但在运营工作中担任的角色较明确，通常以公众号为基础，以用户为核心，围绕企业的品牌传播、产品推广、用户转化、产品销售等目标进行运营。

企业要求新媒体人员具备的微信运营能力主要有：公众号运营、关注者增长、用户运营、微信群运营、小程序运营及微信电商运营等。

5.2 公众号基础知识

公众号有订阅号和服务号两种类型。订阅号偏重信息发布和传播，适合个人、企业和媒体注册使用；服务号偏重用户管理和提供业务服务，适合企业和组织注册使用。

1．订阅号和服务号的区别

（1）展示方式

订阅号内容被收录在微信对话列表的"订阅号"文件夹中，群发信息时不会有消息提醒，只有当用户点击进入订阅号时，才能看到新消息。服务号内容直接展示在微信好友对话列表中，群发消息时会有消息提醒，用户能够直接点击查看。

（2）发送消息条数

订阅号每天能推送一次消息，服务号一个月能推送四次消息。

（3）注册门槛

订阅号使用个人身份证信息即可注册，服务号必须提供企业营业执照等官方信息才能注册。另外，个人注册的订阅号无法认证，企业注册的订阅号和服务号都可以认证。

（4）微信支付

订阅号没有微信支付功能，服务号有微信支付功能。

（5）高级功能

认证的订阅号只拥有部分接口功能，而认证的服务号拥有强大的高级接口功能。

从以上对比中可以看出，如果只是简单地发送消息，达到宣传效果，建议选择订阅号；如果想用公众号获得更多的功能，如开通微信支付等，建议选择服务号。一般企业既可以注册订阅号进行信息发布传播，也可以运营服务号进行用户管理和服务。

2．公众号后台

选择适合自己的公众号类型进行注册后，还需要完成公众号的设置，并了解后台功能。下面从 9 个方面讲解公众号的设置技巧及后台核心功能。图 5.1 所示为订阅号示例。

图 5.1｜订阅号示例

（1）公众号设置

完成公众号注册后，首先需要设置 4 项基本信息：头像、名称、微信号和介绍。

① 头像

头像的设置要考虑手机端的用户体验，因为手机端看到的公众号头像是小图，所以不建议头像中有过多信息，否则其无法被高效传达。头像可以是企业 Logo 或根据 Logo 进行的专属设计。

在头像下方的就是公众号二维码，单击后可选择不同尺寸的二维码进行下载扫描。

② 名称

公众号名称就是自己的账号昵称，须唯一。在起名时须遵循独特、好记且有标识的原则，让用户能方便地称呼和记住。建议名称使用 3 个字或 4 个字，过长的名称阅读和记忆难度较大，不利于传播。

③ 微信号

微信号是公众号的对外身份账号，可以由大小写字母、数字和特殊符号组成，一般不建议使用特殊符号，因为输入难度较大。建议微信号尽量简短，并且采用名称的全拼、首拼或英文单词，方便用户记忆和搜索。

④ 介绍

介绍相当于一句话简介，当用户通过扫码等方式找到你的公众号时，头像、名称和介绍信息会展示在主页，方便用户了解。介绍应该采用精炼的一句话表达自己，让用户迅速了解并关注你。

以上 4 项信息不可以随意修改。微信头像和介绍 1 个月可以修改 5 次，个人类账号名称 1 个自然年内可以修改 2 次，微信号 1 个自然年内只能修改 1 次，因此修改时须慎重，完全确定后再修改，以免影响使用。

（2）自动回复设置

公众号拥有自动回复功能。运营人员可以设置自动回复的消息，方便与用户沟通，提高运营工作的效率。自动回复通常有以下 3 项内容。

① 被关注回复

被关注回复指的是向关注你的新用户自动发送 1 条消息，可以理解成对新关注者的打招呼。

被关注回复通常包含 3 项内容：感谢关注、自我介绍和引导阅读。通过这 3 项内容，完成对用户关注的感谢，让用户知道你是谁，并且引导用户使用你的公众号服务。

被关注回复可以设置成文字、图片、语音或视频的形式。图 5.2 所示为公众号被关注回复设置。

图 5.2 | 公众号被关注回复设置

② 收到消息回复

收到消息回复是指用户给公众号发送消息时，系统自动给用户回复的信息。因运营人员无法 24 小时在线以及时回复用户的信息，所以可以设置"收到消息回复"这条自动回复，让用户知道你已收到他的消息，在工作时间会进行回复。

收到消息回复的内容除了安抚用户之外，还可以提供新的联系方式，让有急事的用户进行即时沟通。可参考的场景文案举例：

您的消息已收到，等我上线就回复您。如果您有急事，可以加微信沟通，微信号：……

需要注意的是，当用户短时间频繁发送消息时，公众号并不会每次都重复进行自动回复。

③ 关键词回复

关键词回复是指公众号可以设置关键词触发对应的回复内容，当用户向公众号发送指定的关键词时，公众号会自动把设置好的关键词回复发送给用户。

如图 5.3 所示，可以设置一个或多个关键词，可以回复图文消息、文字、图片、语音、视频等内容给用户。

图 5.3 | 设置关键词回复

在关键词的匹配方式上，可以设置"半匹配"或"全匹配"。半匹配指用户输入的关键词不完全正确时，也能收到回复；全匹配指用户输入的关键词必须与设置的关键词完全一致，才能收到回复。一般情况下，可以设置成半匹配并设置多个关键词，以保证用户能够收到回复内容。

关键词回复方式有"回复全部"和"随机回复一条"两个选择，可以一次回复多条内容给用户，也可以随机回复一条内容给用户。设置完成后，运营者一定要先对公众号回复进行测试，保证关键词设置生效。

（3）自定义菜单设置

自定义菜单是公众号自带的菜单功能，可以将图文、链接等内容设置到其中，用户通过点击菜单，可以查看相关内容或进入链接访问。

图 5.4 所示是招商银行的公众号截图，公众号下方的"福利、活动、常用"即为自定

义菜单。"福利、活动、常用"是一级菜单，点击"活动"后显示的"热门活动"等内容是二级菜单。一级菜单最多设置 3 个，二级菜单最多设置 5 个。

图 5.4 | 招商银行公众号截图

自定义菜单相当于公众号的微网站，要按照网站的逻辑去规划。一级菜单之间是并列的关系，二级菜单则隶属于一级菜单。考虑到菜单的展示效果，通常各级菜单的字数要相同、排列要美观。

自定义菜单的内容可以是图文、图片、语音、视频，也可以是跳转到网页或小程序。个人订阅号因为无法认证，跳转网页受限，不能手动输入链接地址，只能跳转到已发送图文或素材库的图文、历史消息或页面模板。认证过的公众号，既可以手动输入链接地址，也可以把官网链接、商城链接放到自定义菜单中。

（4）投票管理设置

公众号自带投票功能，可以通过投票对用户进行调研。同时，微信投票也是增加关注者和传播的有力工具。设置用户喜欢参与的投票活动，号召用户转发传播，在用户积极转发的过程中，投票文章的阅读量和互动量就得到了提高。

如图 5.5 所示，微信投票可以设置一个问题多个选项，也可以设置多个问题并为各个选项添加图片。微信投票设置好后，将其添加到公众号图文里，用户阅读文章即可参与投票。

（5）页面模板设置

公众号的图文等内容可以组成页面模板，将页面模板设置到公众号中，即形成微网页的展示效果。图 5.6 所示为公众号文章组成的页面模板。

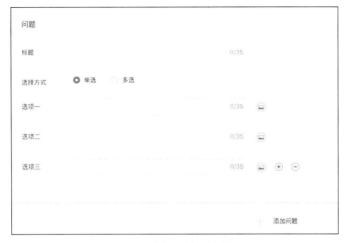

图 5.5 | 投票管理设置

图 5.6 | 页面模板设置

页面模板可添加图文或视频内容，其中已发送图文和素材库未发布图文都可以添加，视频内容仅支持公开的视频。完成页面模板设置后，可以将其添加到自定义菜单中。

（6）留言、赞赏和原创

留言、赞赏和原创都是公众号图文内容的工具。

① 留言

新注册的公众号没有留言功能。当公众号有较好的内容并能保持一定的更新频率时，微信官方会不定期下发留言权限。

有留言功能的公众号，用户可以对文章留言；但留言内容不会自动显示，运营人员收到留言后，对其进行操作才会显示。运营人员可以对留言内容进行回复、置顶或删除。留言将根据被点赞的次数按前后顺序显示在留言列表中。

② 赞赏

标注原创的文章还可以添加赞赏功能，由用户给文章作者打赏。赞赏是自媒体创作者的一项收入来源，但因赞赏金额通常较低，创作者很难通过赞赏实现盈利。赞赏通常只代表读者对作者的一种认可。

同一作者发表3篇以上的原创文章，可以邀请创建一个赞赏账户。一个公众号可以添加多个赞赏账户，读者的赞赏会在7天后到达赞赏账户对应的微信零钱账户。

③ 原创

公众号文章如果是原创的，可以标注原创。原创是对创作者版权的保护。当其他公众号抄袭原创文章时，会被识别出来，抄袭者的公众号文章会直接成为转载文章并显示原创者信息。

建议运营人员将发布的原则图文都标注为原创。对于合作的公众号，可以授权其成为长期转载账号，授予其对文章具有可修改或不显示转载来源的转载权限。

（7）广告主和流量主

广告主和流量主是微信的广告产品。

① 广告主

广告主是指通过微信平台进行付费投放的企业或组织。开通广告主功能，企业可以把自己的产品投放在微信平台，主要展示场景为朋友圈广告、公众号广告和小程序广告。图5.7所示为公众号底部的广告展示形式。

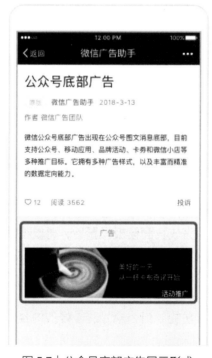

图 5.7 | 公众号底部广告展示形式

依托微信，广告主广告具有较强的竞争优势。在覆盖范围上，广告主广告几乎覆盖全部移动互联网用户；在传播深度上，广告主广告实现了社交传播的生态闭环；在投放精准度上，广告主广告能够以人为单位进行定向投放。同时还有系统化的投放工具和可视化的效果评估数据，能够帮助广告主跟踪分析投放情况，不断进行投放优化。

② 流量主

有流量的公众号才能拥有成为流量主的权限。开通流量主后，广告会展示在流量主的公众号图文中，用户浏览和点击广告，流量主将获得平台分成。流量主广告展示形式有文中广告、底部广告和返佣商品 3 种形式。

流量主是自媒体的盈利方式之一。自媒体公众号拥有关注者和高阅读量，通过展示流量主广告，可以把阅读量转化为流量和点击量，从而获得微信平台的广告分成。流量主可以针对自己的定位和关注者特点，选择不同的广告类型，从而提高精准度和转化率。

（8）公众号数据统计

公众号提供针对用户、图文、菜单和消息等的数据分析服务。运营人员可以通过分析公众号的用户属性，对运营内容进行调整，如分析图文阅读数据和菜单点击情况，优化图文内容和菜单的设置。

图 5.8 所示是一篇公众号文章的阅读来源分布。运营人员可以通过不同阅读来源的占比分析，调整文章内容，从而吸引不同类型的用户，让文章更具传播性，进而提高文章的整体阅读量。

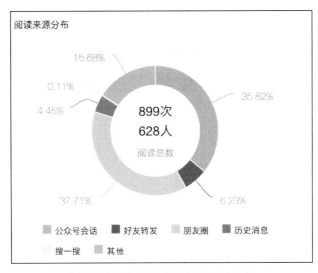

图 5.8 | 公众号文章的阅读来源分布

（9）管理人员设置

管理人员指公众号的管理员和运营者。公众号的管理员只有 1 个，运营者至多可以添加 25 个。管理员和运营者拥有扫码登录公众号进行后台操作等权限。

管理员默认是公众号的注册者，后期还可以修改，拥有添加运营者的权限。在企业中，管理员通常为企业的核心管理人员，公众号实际运营人员则被添加成运营者。因运营者有群发消息等权限，所以需要做好工作交接，在员工离职时，及时取消其权限。

5.3 公众号运营

5.3.1 公众号图文排版

公众号运营的一项基础工作就是撰写并发布图文消息，因此掌握图文排版是新媒体运营人员必备的一项技能。在排版时，运营人员要依托正确的排版理念和科学的排版技巧，才能编辑出满足企业需要的图文内容。

1. 为什么要进行排版

不同的排版目的决定着不同的排版方向，排版通常有 3 个目的：体现专业、视觉美观、方便用户阅读。

2. 公众号排版工具推荐

图文内容可以直接在公众号图文编辑区进行排版，但其操作便捷度和达到的美观度有限，因此通常会使用第三方排版工具进行图文排版。下面推荐 3 款口碑较好、受众较广泛的排版工具。

（1）135 编辑器

135 编辑器是老牌的图文编辑器，其特点是样式众多、操作稳定，同时整合了图片制作、关注者增长、公众号变现等功能并将它们展示在首页，以充分满足新媒体运营人员的各种需求。

图 5.9 所示是 135 编辑器的首页，把撰写好的文章内容直接复制到右侧空白区，就可以进行排版编辑，左侧有标题、正文、引导、图文、布局等各种模板样式可以选择。整篇文章排好版后，可以直接上传到公众号图文后台保存。

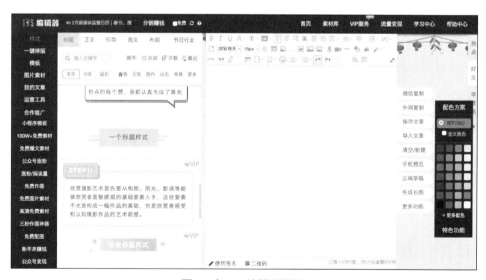

图 5.9 | 135 编辑器界面

（2）i 排版

i 排版是操作简易的排版工具。在 i 排版中，有多种及时更新的符合热点创意的排版样式供选择。图 5.10 所示是 i 排版的首页，在页面左侧，有多种特色样式供选择。

图 5.10｜i 排版界面

（3）秀米

秀米是一个界面简约、操作便捷的排版工具，也拥有各种样式的模板。如图 5.11 所示，秀米会直接按照手机端效果显示编辑内容，方便创作人员直观感受最终效果。秀米不只是单纯的排版工具，同时也是免费的 H5 制作工具。

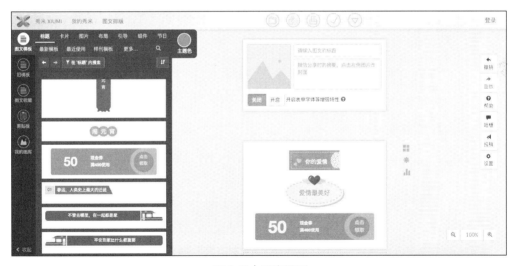

图 5.11｜秀米界面

135 编辑器、i 排版和秀米各有特色，都是优秀的排版工具，运营人员可以根据自己的喜好和使用习惯进行选择。需要注意的是，工具只是高效工作的助手，最终效果如何，考验的是运营人员的排版技巧和专业水平。

3. 公众号图文排版技巧

新媒体运营人员应该掌握科学的排版技巧，使用正确的方法进行图文排版，在体现专业性的同时提高读者的阅读效率。

公众号图文排版一般从文字、段落、图片、配色、首尾引导、整体效果 6 个方面进行。各个方面需要遵循的技巧和方法介绍如下。

（1）文字

字体：推荐使用默认字体。

字号：推荐使用 14～16 号字，具体根据文章风格和用户群体而定。

字色：推荐正文使用黑色字体，可以不用纯黑色，而用接近纯黑的黑灰色。纯黑色在视觉上不够轻柔美观，黑灰色能让视觉效果更柔和。

字间距：推荐使用 1～2 倍间距。文字较小时，字间距可稍大。稍大的字间距能降低段落文字间的压迫感，同时能提高读者的阅读速度。

行间距：推荐使用 1.5 或 2 倍行距，选用较大的行间距也是为了提升美感和阅读效率。

（2）段落

段首空格：段首可以不空两格，而是通过段落之间的空行来实现段与段的区分。

段落长度：段落文字不宜过长，推荐每段文字控制在 7 行以内。甚至可以直接取消段落，利用回车键左对齐排版，各部分之间用空行区分。

如图 5.12 所示，左侧的段落由于过长，在视觉上不够美观，用户在阅读时会有压力。

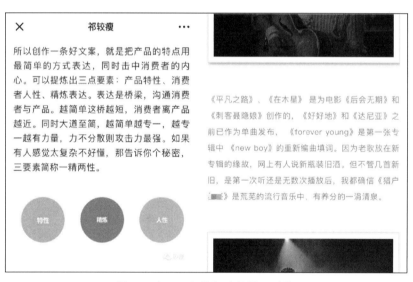

图 5.12 | 不同段落长度的效果对比

段落空行：建议段落与段落之间空一行，段落与图片之间空一行，图片与图片之间空一行。通过空行可以实现视觉结构的拆分，提高美观度。

段落配图：建议在段落与段落之间插入图片。一是减少整屏文字对用户的压迫感，二是通过图片增加画面的丰富性，三是段落之间有配图能让用户阅读更快，符合碎片化阅读的时代特点。

（3）图片

图片风格：一篇文章采用的所有配图风格统一，才能形成统一的视觉效果，在阅读时才不会显得杂乱。

图片形状：推荐使用横长图片。微信会对大图进行压缩，横长图片能够在压缩后充满显示区域的左右两侧，实现尺寸统一的显示效果。

图片尺寸：选择尺寸较大的高清图片。如果图片尺寸较小，可以通过添加边框等方式减少显示区域，使整体显示清晰。

图片质量：图片质量要高，不能有水印、尺寸不足等问题，更不能随意下载网络图片使用，以免侵权。

（4）配色

配色统一：建议全文统一配色。正文统一使用一种颜色，小标题统一使用一种颜色，强调文字统一使用一种颜色。

颜色选择：不建议使用饱和度较高的大红、大紫、大绿等颜色，容易显得庸俗。推荐使用饱和度较低的颜色或排版工具默认推荐的颜色。

颜色数量：建议全文的文字使用两种颜色，最多不超过三种颜色，正文、小标题、强调文字各用一种颜色，小标题和强调文字也可以用一种颜色。

如图 5.13 所示，小标题统一使用紫色，正文统一使用黑灰色，配图统一加上白色边框，使文章整体风格统一。

图 5.13 | 配色统一示例

（5）首尾引导

开篇引导：开篇可以在排版工具中选择与公众号整体风格相符的模板使用。图 5.14 所示是 135 编辑器的开篇引导关注模板截图。

底部二维码引导：一篇文章的最下方通常会放上公众号的二维码，引导读者在阅读后扫码关注。建议在排版工具中选择风格相符且有文字介绍的二维码引导素材，方便用户更多地了解公众号，增加关注的可能性。

图 5.15 所示是公众号的底部二维码引导，由 135 编辑器中的模板替换二维码和文字而成。

图 5.15｜公众号底部二维码

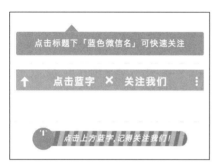

图 5.14｜135 编辑器的开篇引导关注模板

（6）整体效果

在整体上，一篇图文要做到各个方面的统一，字号、字色、图片风格等都要统一。一篇文章无论是在逻辑上和视觉上，还是在内容上和形式上，都应该是一个统一协调的整体。

4. 其他排版内容

一篇文章在打开之前只有标题、封面和摘要会显示并被用户看到。这 3 项内容有没有吸引力，将直接影响文章的打开率，因此除了排版图文内容外，还需要对这 3 项内容进行排版。

（1）标题

用户在浏览朋友圈时，并不会因为一个标题停留太多时间，所以文章标题虽然可以呈现两行（大概 34 个字），但通常建议将标题字数控制在一行左右，以 15～20 个字为宜，方便用户用一两秒的时间就能获取到所有信息。

图 5.16 所示是一篇文章在朋友圈的转发截图，标题近一行半，共 23 个字，文字稍多，但作者对该标题很满意，超出几个字也可以接受。

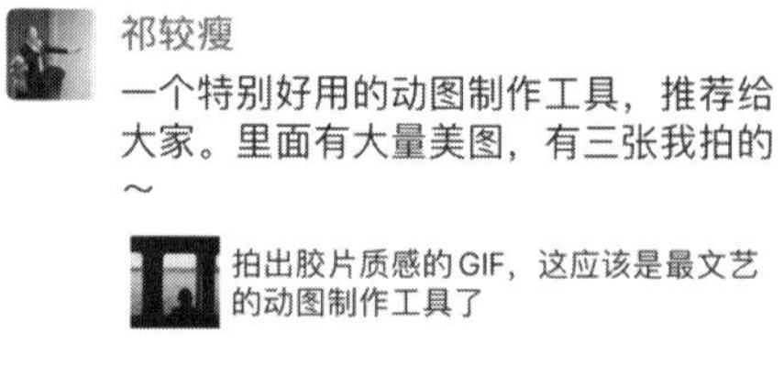

祁较瘦
一个特别好用的动图制作工具，推荐给大家。里面有大量美图，有三张我拍的～

拍出胶片质感的GIF，这应该是最文艺的动图制作工具了

图 5.16｜文章在朋友圈的转发截图

确定标题字数的核心标准是，在表达清楚主题的前提下，字数尽量越少越好。

（2）封面

文章封面在公众号对话中会显示完整尺寸，但被转发后，在朋友圈及微信对话中只会显示缩小版的方形图。图片对用户的吸引力至关重要，因此在排版时，还要考虑封面在朋友圈和微信对话中的显示效果。

图片核心内容应居中，以便被转发后也能被显示，同时图片元素不能过小过密，以免被转发后看不清，起不到传达意义、增强吸引力的作用。图 5.17 所示是 135 编辑器的一篇图文推送截图，封面图内容居中，被转发到朋友圈后也能清晰地看到微信 Logo。

（3）摘要

摘要是对标题的补充，是辅助吸引用户点击文章的要素，因此在排版时应考虑摘要的字数，只展示核心内容，提升吸引力。

图 5.18 所示是一篇文章被转发后的显示效果。可以看到，摘要通常会显示为 3 行，一行 12 个字，因此建议将摘要控制在 36 个字以内，以两行为佳。

图 5.17 ｜ 图文推送截图

图 5.18 ｜ 摘要的显示效果

排版是一种技巧，更是一种意识，运营人员需要在工作中不断优化，逐渐形成自己的排版特色和风格，为公众号运营提供软实力。

5.3.2 公众号高效运营工具

运营微信公众号不应只局限于公众号内部，不管是图文排版还是日常运营，都可以使用第三方工具让运营效率翻倍。本节推荐一款公众号高效运营工具——新媒体管家。

新媒体管家是一款浏览器插件，是公众号运营及新媒体运营助手，提供多账号管理、高效图文排版、数据分析等功能。图 5.19 所示是新媒体管家的部分功能截图。

图 5.19 ｜ 新媒体管家的部分功能截图

新媒体管家的使用方式是从官网下载插件，安装到浏览器中，然后注册登录。如图 5.20 所示，登录后单击账号，可以添加多个自媒体平台的账号，也可以 1 次添加多个公众号。授权之后，登录各个账号更加便捷，公众号 1 天之内只须扫码登录 1 次，不用每次登录都扫码。

图 5.20 | 添加自媒体账号

授权登录公众号之后，再进入公众号后台，就会发现很多页面跟原来不一样了，多了一些功能。比如在公众号后台首页，增加了"今日话题"和"灵感中心"栏目，如图 5.21 所示。在已群发消息里，则增加了"批量删除历史文章"和"导出文章数据 Excel"功能。

图 5.21 | 安装新媒体管家后的公众号后台

在自动回复页面，增加了"添加文字链接"和"添加小程序链接"功能，如图 5.22 所示。单击"添加文字链接"，输入链接和文字即可在自动回复里生成文字链接。

图 5.22 | 生成文字链接或小程序链接

文字链接显示效果如图 5.23 所示，可以把企业官网、商城、App 下载地址设置成文字链接，方便用户关注公众号后单击访问。

图 5.23 | 文字链接显示效果

在图文分析页面，增加了按月份查询功能。直接点击月份，可以选择 1 个月的图文进行数据分析，不像以前每次只能选择 1 周，提高了数据分析效率，如图 5.24 所示。

图 5.24 | 图文分析的按月份查询功能

在图文编辑页面，增加了多个实用功能。在编辑框中增加了表情符号、字体修改等功能，对图片增加了直接修改尺寸、添加阴影等功能。如图 5.25 所示，单击图片，可以直接对图片进行修改。

图 5.25 | 单击修改图片

如图 5.26 所示，在图文编辑页面，新媒体管家整合了多个应用的功能，比如能够一键采集文章，能够直接导入文档进行排版，能够把图文生成为长图等，在编辑排版时可以直接使用。

图 5.26 | 图文编辑页面的更多功能选项

同时，在编辑页面右侧新增了插入图片功能，能够方便地搜索表情、GIF 图、无版权图片和免费图片，极大程度地提高了搜集图片素材的效率，同时无版权图片库的引入也解决了使用网络图片可能导致侵权的问题。插入图片功能如图 5.27 所示。

图 5.27 | 插入图片功能

在图文编辑页面，还有语音朗读、手机传图、生成未发布图文的永久链接等功能，以及广告接单、视频制作、免费素材等第三方应用。新媒体管家整合了新媒体工作中所需的各种功能和工具，大大提高了新媒体运营人员的工作效率。

在新媒体管家的应用页面，有数据看板、营销日历、热点中心、百度脑图等应用，新媒体运营人员可以很方便地查看数据、策划营销事件、查看热点和制作思维导图。如图 5.28 所示，单击"添加应用"还可以添加更多常用的高效工具。运营人员还可以自定义在列表中显示哪些应用。

图 5.28 | 添加应用界面

新媒体管家作为浏览器插件，本身并不具备如此丰富的功能，它起到的只是整合作用。新媒体管家从新媒体运营人员的实际需求出发，把各种类型的工具和应用进行整合，显示在具体的工作场景中，大大提高了新媒体运营人员的工作效率。

5.3.3 企业公众号内容打造

企业公众号承担着企业品牌宣传、关注者沉淀、用户转化等功能，因此在公众号内容的撰写和发布上，要有明确的目标感和倾向性。企业公众号的内容打造，要遵循一定的方法和技巧。本节将从更新频率与时间、内容方向、写作技巧 3 个方面入手阐述企业公众号的内容打造方法。

1. 更新频率与时间

订阅号每天能推送 1 次，服务号每月能推送 4 次。很多运营新手都会感到困惑的是企业公众号应该几天推送 1 次？订阅号每天都能发，那么每天都要发布内容吗？这些都是错误的认识，发送次数不应该由功能而定，而应该根据自己的现状和目的而定。

如果运营团队人员充足，能保证更新的频率和质量，可以每天推送。每天高质量的推送，能培养用户阅读的习惯。如果运营团队精力有限，则需要根据自己的实际情况，规划更新周期，隔天更新、1 周更新 2 次或者 1 次，都是可以的。次数不重要，重要的是保持稳定的更新频率，让用户有期待感。

除了更新频率要稳定以外，公众号最好根据自己的内容特点和受众特点，确定固定的更新时间。1 天之内公众号的阅读高峰是晚上 9～12 点，如果内容是娱乐休闲类的，可以选择在这个时间段进行推送；如果内容是专业知识，则建议在早上或工作时间进行推送。

除此以外，每次推送的图文数量也须根据团队的运营精力来定。数量不是关键，质量才是关键。宁可 1 周只推送 1 篇精华图文，也不要天天推送质量一般的内容。

2. 内容方向

公众号内容的选题方向应由公众号的定位决定。不同的企业，对品牌宣传和关注者沉淀的侧重比例不同,有些企业偏重把公众号当成企业品牌宣传平台,有些企业则侧重积累关注者,然后做用户转化。

企业公众号的内容方向一般有4大类型:企业宣传信息、行业资讯、用户价值、营销活动。偏重宣传的企业,发布较多的是企业信息和行业资讯;偏重关注者积累的企业,发布较多的是用户喜欢或对用户有价值的信息。

可以看出,企业公众号的内容方向选择与企业微博有相似之处。但由于公众号能发布长图文,因此与微博相比,其较少地承担了互动的责任,更多地承担了为用户提供资讯和干货知识等有价值信息的责任。

3. 写作技巧

图文作为目前一种常见的内容形式,在传播过程中形成了自己的风格和特点。打造公众号内容,应该遵循图文传播的特点。下面分享从图文资料搜集到图文内容打造的 5 项技巧。

(1)全网搜集

在确定文章的写作主题之后,接下来要做的不是直接撰写,而是全网搜集资料。目的有3个:①为自己的内容撰写准备素材;②对已有内容进行审视;③参考吸收已有内容,在不断学习中构建自己的文章结构。

搜集资料的平台要广泛,不能只局限于百度搜索。微博、今日头条、微信、知乎等都是重要的内容生产和传播平台,在内容丰富性和及时性方面各有优势。通过多平台资料获取、去重和整合,保留有价值信息,再开始创作,效率会翻倍。

(2)热点追踪

结合热门话题进行创作是各类新媒体都积极采纳的形式。微信公众号在进行热点创作时,可以利用新媒体管家的热点中心。

如图 5.29 所示,热点中心集合了搜狗微信、知乎精选、豆瓣精选、微博热搜等平台的热点。通过多平台对比,可以找到不同领域、不同类型的实时热点,帮助运营者快速确定合适的热门选题。

图 5.29 | 热点中心界面

(3)简短多图

公众号文章被称为"图文",顾名思义就是图片加文字。目前已进入读图时代甚至是短视频时代，加上用户的碎片化阅读特点，要求公众号在创作形式上遵循简短和多图两个原则。

简短指公众号图文的创作要控制阅读时长。1 篇图文的平均阅读时长不建议超过 3 分钟。图 5.30 所示是简短多图文章的示例。

图 5.30 | 简短多图文章示例

在文字中穿插图片能让用户阅读起来既快速又赏心悦目。除了图片，还可以通过穿插动图、表情包、小标题等内容让文章在视觉上更轻松有趣。这既是目前公众号图文的时代特点，也是符合用户阅读体验的创作技巧。

（4）网络语言

除了在形式上要丰富，在内容上也要有趣。用互联网的语言去撰写文章，是让文章有趣的基础技能之一。互联网代表着自由、智慧、有趣，互联网的语言也应该是自由、有趣且充满智慧的。

公众号内容虽然有可能是官方的企业表达，但也应该把正式官方的表达方式换成自由的互联网语言，以更符合用户阅读习惯，更具亲和力，给用户更好的阅读体验。

（5）持续互动

互动是新媒体运营的核心。公众号可以通过图文留言、关键词回复、投票等方式与用户互动。持续的、不定期的互动能够增加用户黏性，提高"铁杆关注者"的比例。

图 5.31 所示是一篇文章的结尾，号召大家一起来分享自己的经验。通过这种互动号召，文章的留言数量得到提高，大量的精彩留言又促进了文章分享量和阅读量的提升。长期与用户保持互动，能够激活公众号的关注者，而关注者活跃又是公众号传播能力和转化能力的有力保证。

图 5.31 │ 文章结尾互动示例

在按照以上技巧运营公众号的同时，还可以在运营方法上与微博运营的相关内容进行对比，找到两个平台的异同点，加深对两个平台的理解和把握。公众号内容也可以结合新媒体文案的创作技巧，借鉴吸引力标题和自媒体文章的创作内容，提高整体创作质量。

5.3.4 公众号数据分析

公众号的运营有 4 项核心内容需要进行数据分析，分别是用户、图文、菜单和消息。通过对不同内容进行数据分析，我们能够获得科学的数据指标和结论，这可以为后续运营工作的优化提供数据支持。下面是以某公众号为例进行的数据分析，展示了如何用数据指导和改进运营工作。

1. 用户分析

公众号的用户分析有用户增长和用户属性两部分，分别对用户的增长情况及用户性别、地域等属性标签进行归类统计。

（1）用户增长

在用户增长中，会显示昨日的 4 项关键数据，分别是：新增人数、取消关注人数、净增人数和累积人数。通过这 4 项数据的直观展示，能够了解前 1 天的用户增长情况。在运营过程中，要始终以有持续大量的新增人数为目标，同时降低取消关注人数，进而实现净增人数和累积人数的良性增长。

除显示昨日数据外，如图 5.32 所示，还可以按照 7 天、15 天等周期选择查看某一时间段的用户数据变化曲线，以更直观的方式显示整体的用户变化趋势。除此以外，用户增长页面还显示每天的具体关注者增长与减少数据，并支持数据下载，方便运营人员对运营周期内每天的数据进行详细的统计和分析。

用户增长的数据分析，既要注意新增人数的增长，还要注意取消关注人数的变化。有持续的大量新增，代表公众号内容的传播能力较好，发布的内容对新用户较有吸引力；但如果新增人数较多，但净增人数不多，则表明取消关注人数过多。这时就要调整公众号的内容运营策略，逐渐降低取消关注人数的比例，提升留存率。

如果取消关注人数比新增人数多，则净增人数是负增长，表明公众号运营陷入了危险的境地，需要立即对公众号进行诊断优化，可以通过用户调研等方式找到原因。总之，保持新增用户的良性增长和取消关注人数的低占比，实现公众号关注者的不断累积，是公众号的数据运营目标。

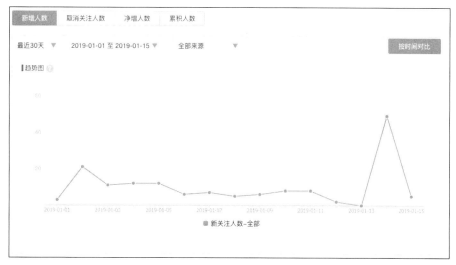

图 5.32 | 用户数据变化曲线

（2）用户属性

公众号开放的用户属性数据有限，但在有限的数据里，我们也可以了解用户，根据用户的特点调整公众号运营策略。

图 5.33 所示是公众号的用户性别与语言分布截图。可以看出，男女用户比例较均衡。如果某公众号的女性用户占绝对比例，则公众号的内容选题、文章风格甚至是价值观输出，都应以女性用户为主。生产大部分用户喜欢的内容，能够提升内容的打开率，增强传播力度。

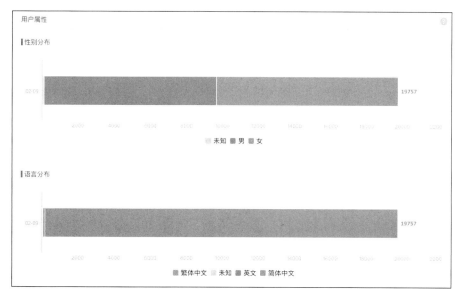

图 5.33 | 公众号的用户性别和语言分布统计

用户性别是一个双向选择的过程，公众号的不同定位吸引着不同性别的用户，同时男女用户的实际占比，也影响着公众号内容的调整方向。

用户的省份及城市分布，对地域垂直型公众号的运营有较大指导意义。地域类账号定位地方，对当地用户的吸引力要较强，其受众分布的地域特点须呈现先集中当地、后向周边及全省扩散的趋势。

终端及机型分布，对常规企业公众号运营的指导意义不大。但在做一些开发适配时，可以参考用户的终端及机型，进行倾向性开发。

2. 图文分析

公众号提供对单篇图文和全部图文的数据分析。单篇图文只针对一篇文章的传播情况进行多维度的分析，全部图文则对某天或某一段时间内，该公众号的全部阅读量进行分析。

（1）单篇图文分析

单篇图文分析会展示送达人数、图文阅读人数和分享人数等数据。在详细的数据概况中，还有文章的阅读来源分布和阅读发展趋势。图 5.34 所示的这篇文章的阅读来源以朋友圈为主，阅读发展趋势则在发布后的第 2 天达到传播高峰。

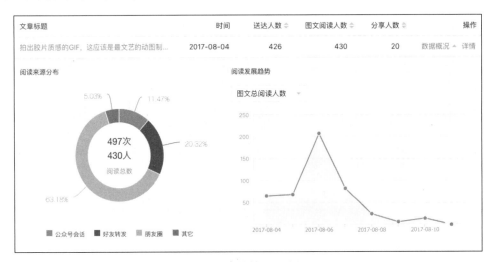

图 5.34｜单篇图文分析

公众号运营人员要对发布的文章进行持续的阅读来源分析，以了解文章的传播情况。微信之父张小龙曾说"微信文章的阅读量80%来自于朋友圈"，所以应努力提高文章在朋友圈的阅读占比。

文章的朋友圈阅读比例越高，说明文章的传播效果越好。如果文章阅读量以公众号会话为主，则说明文章发出后，主要被关注者单击查看，没有形成传播。因此运营人员应该通过对文章的阅读情况进行分析，掌握文章的传播特点，为后续文章的优化提供思路和线索。

（2）全部图文分析

全部图文分析为公众号提供整体数据的日报和小时报，通过该数据，能掌握公众号图文每天的整体阅读传播情况。

如图 5.35 所示，全部图文会显示图文总阅读、原文页阅读、分享转发和微信收藏等数据。在阅读来源分析上，会详细地展示阅读来源渠道，对公众号文章的整体阅读传播情况有较直观的呈现。

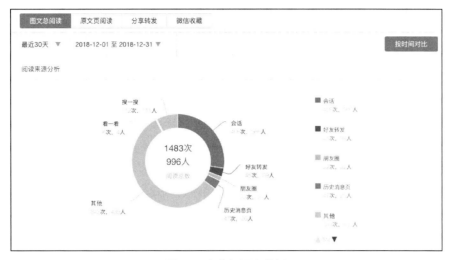

图 5.35 | 全部图文分析

全部图文分析能从公众号的角度了解图文传播情况,通过阅读分享数据及阅读来源分析,能动态掌握公众号的传播规律;会话、好友转发、朋友圈、看一看等渠道的来源展示,能为文章的传播指明方向。运营人员应根据自身优势在不同阅读来源渠道进行推广,从而提高公众号的整体阅读数据。

3. 菜单分析

菜单分析指对公众号自定义菜单的用户访问数据进行分析。自定义菜单的用户访问数据代表着公众号的用户活跃度。公众号应该通过对自定义菜单的设置,为用户持续提供价值,引导用户经常性地访问自定义菜单,增强用户与公众号的连接。

菜单分析会展示一级菜单及二级菜单的详细访问情况,对各个菜单的点击次数、点击人数及人均点击次数都有详细的统计。图 5.36 所示是某公众号的月度菜单点击情况,从中可以看出,在 2018 年 12 月 13~18 日这个周期内,菜单的访问数据较高。结合当时的运营情况,分析得知是因为更新了文章,由增加的新关注者带来的访问量。

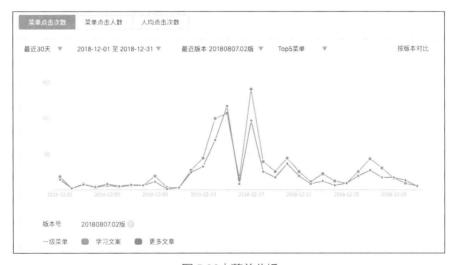

图 5.36 | 菜单分析

不同的菜单会有不同的点击访问情况，访问情况的高低代表用户的访问兴趣和功能价值。运营人员应该定期更新自定义菜单，对阅读量较低的菜单内容进行替换或换级展示，在满足企业宣传需求的前提下，增加对用户有吸引力、有价值的菜单内容，从整体上提高公众号的价值。

4．消息分析

消息分析指对给公众号发送消息的人数、次数进行分析。消息的多少代表公众号的活跃程度，越多用户给公众号发送消息，表明公众号越活跃。一般公众号会通过图文等形式引导用户给公众号发送消息，进行交流互动或回复关键词。

如图 5.37 所示，消息分析会展示某一时间段内消息发送人数、次数及人均发送次数等数据。越多的消息发送人数，代表有越多的用户跟公众号互动。如果人均发送次数较高，需要注意是否是因为沟通不畅造成的，若用户发送 1 次消息无法获得满意的回复，则可能会多次发送。

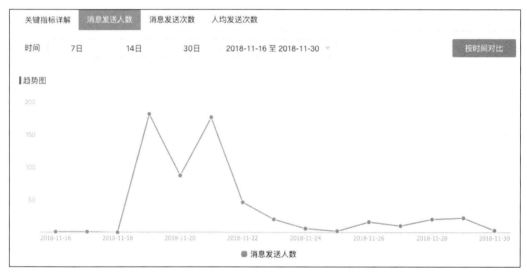

图 5.37｜消息分析

消息分析还能提供关键词的数据情况，关键词分为自定义关键词和非自定义关键词。自定义关键词指公众号设置的关键词，非自定义关键词指所有消息中出现频率最高的词汇。用户回复自定义关键词，代表着按照公众号的设置获取信息，而出现频率高的非自定义关键词代表着用户的核心需求。运营人员可以根据需要把非自定义关键词设置成自定义关键词，以便对用户信息进行自动化地、有针对性地回复。

图 5.38 所示是公众号自定义关键词的消息数据。不同关键词出现次数的多少，代表着用户对不同内容的感兴趣程度，回复次数也体现了用户的转化效果。运营人员可以把用户感兴趣的内容设置成关键词，通过图文传播引导用户回复互动，进而提高活跃度。

公众号的图文、菜单、消息数据都应围绕着用户进行分析，用户的持续良性增长则是公众号运营的基本目标。运营人员需要注重数据的价值和作用，定期对运营数据进行分析，用数据指导公众号的运营，不断调整公众号的内容方向，让公众号持续为用户和企业创造价值。

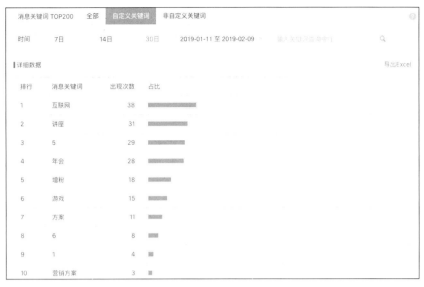

图 5.38 | 自定义关键词分析

 # 5.4 微信增加关注者

关注者增长是微信公众号运营的核心目标。实现关注者增长需要解决 3 个核心问题：目标关注者、激励策略和增加关注者手段。3 个核心问题必须按顺序一一解决，才能真正实现关注者增长。

1. 目标关注者

目标关注者是公众号增加关注者的目标人群。只有先确定目标人群是哪些人、他们有什么特点，才能策划出有针对性的增加关注者策略，进而实现精准增加关注者。目标人群的定位要与公众号的定位相符，只有与公众号定位相符的关注者，才能在后期实现可持续运营。

2. 激励策略

激励策略是指针对目标关注者采取的激励手段，即以哪些方式和内容吸引目标人群。不同的用户群体有不同的需求和兴趣点，一般在激励用户时，会使用 3 种激励策略：物质激励、精神激励、权限激励。针对不同的场景和用户，应该选用不同的激励策略，目标是以最有效的激励方法实现用户的良好转化。

3. 增加关注者手段

增加关注者手段指具体的增加关注者方法，通常遵循"渠道—公众号—好处"的转化流程，也就是先在各个渠道向精准的关注者受众推广、展示吸引点，然后把用户引到公众号上，让用户得到好处。常规的增加关注者手段有关键词回复、自定义菜单访问等，用户通过回复关键词或者访问自定义菜单来获得自己想要内容的同时也实现了公众号增加关注者。

5.4.1 微信游戏增加关注者

在朋友圈和微信群常会有一些用户转发的 H5 游戏。这些游戏通常既好玩又能让用户得到奖励，因此用户愿意主动分享。而游戏对企业来说，也是进行品牌曝光、关注者互动、实现增加关注者的好方法。本节将介绍使用"凡科互动"策划并设置微信 H5 游戏实现增加关注者的技巧。

在使用"凡科互动"创建游戏之前，必须先解决游戏增加关注者的流程问题。根据微信公众平台的特点，一般的增加关注者步骤如下：看到游戏宣传素材，关注公众号，玩游戏获得奖励。

核心是通过游戏和奖励吸引用户玩游戏，但关注公众号是玩游戏的前提和条件，用户关注公众号后获取游戏，然后打游戏进行体验或获得奖励。把游戏设置到公众号中，通过关键词回复、被关注回复或自定义菜单访问的方式，让用户必须进入公众号才能玩游戏。或者让用户直接玩游戏，并提高中奖概率，绝大多数用户都可以领到奖，但领奖方式的介绍在公众号内，从而即可实现关注。下面我们通过第一种方法，即关键词回复的方式，将游戏与公众号打通。实现游戏关注者增加，运营人员需要完成 3 件事：设置游戏，设置关键词，进行宣传。

流程梳理清楚之后，下面具体介绍 3 个步骤的详细操作。

1. 凡科游戏设置技巧

登录凡科网之后，单击进入凡科互动模板，会看到各种类型的游戏模板。图 5.39 所示为节日类目下不同的游戏模板。在策划微信游戏活动时，可以根据即将到来的节日热点选择相应的节日主题，让游戏活动更有话题性和参与感。

图 5.39 | 凡科互动模板

在开始制作游戏之前，应该先进行测试。选择有趣的符合主题的游戏，单击"创建"进行游戏设置。如图 5.40 所示，共有 4 大项设置：基础设置、派奖方式、奖项设置、高级设置。

完成基础设置、派奖方式和奖项设置后，如图 5.41 所示，在高级设置中，还可以添加品牌 Logo、公众号二维码等内容，起到曝光和用户转化的作用。

凡科游戏模板的优势是游戏素材的所有内容都可以调整。如图 5.42 所示，在游戏编辑页面的左侧单击"游戏过程"，可以对游戏界面中的所有游戏素材，如文字、图片等进行替换调整。企业也可以把自己的产品和品牌 Logo 等内容设置成游戏元素，使游戏更富原创性，从而更好地实现对企业品牌和产品的宣传。

图 5.40 | 游戏设置界面

图 5.41 | 高级设置界面

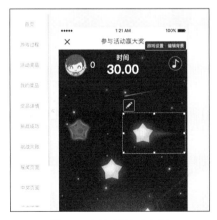

图 5.42 | 编辑游戏素材

　　完成各项设置后，单击保存和预览，可以试玩游戏以测试设置是否正确，将不正确设置优化之后就可以发布游戏了。如图 5.43 所示，游戏发布后，会生成游戏二维码和链接地址，接下来即可把游戏链接设置到公众号中。

图 5.43 | 生成游戏二维码和链接地址

2. 关键词回复设置技巧

通过关键词回复的方式，用户可获取游戏链接，既能有好的交互体验，又能实现公众号的关注者增加。为了获得更好的用户体验，可以把游戏链接以代码 "<a href="XXXX">文字内容</a>" 的形式设置成文字链接，其中，"XXXX" 替换为游戏链接，"文字内容"设置成 "开始游戏"，并设置成关键词回复的文字内容，效果如图 5.44 所示。

图 5.44 | 将游戏链接设置成关键词回复

用户只需回复 "游戏" 二字，就能获取显示效果简约的文字链接，点击文字链接即可开始游戏。

3. 宣传海报制作技巧

设置好关键词后，游戏增加关注者的转化流程已全部完毕，接下来需要做的就是设计宣传海报，并在微信各个渠道进行传播。为了推广效果，可以使用创客贴来制作视觉效果良好的海报进行宣传。游戏海报制作有 3 项关键内容：专业美观度、海报吸引点、参与方式明确。

（1）专业美观度

海报的专业美观度是海报的基础和重点。因为新媒体运营人员不是专业的设计人员，自己制作的海报质量容易不过关，所以应该选择一个适合的海报模板，只替换文字，以保证设计效果。

图 5.45 所示是根据模板设计的游戏宣传海报，除了替换文字之外，其他原有设计保持不变，保证了基础的专业美观度。当然在具体工作中，海报设计工作也可以交由专业设计人员来完成。

图 5.45 | 游戏海报示例

（2）海报吸引点

在设计海报之前，要清楚游戏的吸引点在哪里，然后把吸引点体现在海报中，以实现宣传和转化效果。常规来说，H5 游戏对用户的吸引有两方面：游戏的趣味性和奖励。在海报文案的设计上，要突出游戏的好玩和奖励内容。图 5.45 所示的海报中就强调了游戏的挑战和现金奖励，激发了用户的参与感。

（3）参与方式明确

在海报中，突出参与方式是海报设计的核心，必须明确地告知用户如何玩游戏，才能实现关注者转化。在海报上放置公众号二维码，让用户扫码回复关键词玩游戏，是实现关注者增加的过程。

有关参与方式的文案一定要精炼，不能写成类似"扫码关注公众号，回复关键词游戏开始挑战"的文案，可以写成：扫码回复"游戏"开始挑战。精炼的 10 个字，意思表达同样明确。

对运营人员来说，游戏就是激励策略，关键词设置就是增加关注者流程，而海报就是广撒网的诱饵。有了三者的配合，就能把诱饵撒出去，吸引关注者关注公众号，获取激励内容，从而达到公众号关注者增加的目的。

5.4.2　微信讲座裂变增加关注者

举办微信公开课讲座，以免费课程为吸引，实现公众号的关注者增长，也是一种常见的企业公众号增加关注者手段。

1. 微信讲座参与流程

① 在朋友圈看到讲座海报，扫码参加；

② 扫码关注公众号，回复关键词；

③ 通过关键词回复内容添加个人微信；

④ 转发讲座内容到朋友圈；

⑤ 转发后被拉入讲座群。

根据企业目的的不同，参与流程可以简单也可以复杂。但核心是讲座的价值，有吸引力的讲座哪怕流程复杂，用户也愿意参加。

2. 微信讲座对企业的作用

（1）品牌宣传

讲座内容在微信群和朋友圈传播，实现了企业品牌和产品等相关内容的传播。

（2）关注者增长

微信讲座的参与方式一般需要先关注公众号，这可以实现公众号的关注者增长。

（3）裂变推广

常规来说，用户想要免费参加讲座，需要转发活动海报到朋友圈。新用户看到好友转发的海报也报名参加，会继续转发，从而实现了讲座海报在朋友圈的裂变式传播。

（4）渠道拓展

举办 1 次微信讲座，会添加很多好友，同时讲座群在后期也可以持续运营。对企业来说，与用户之间的连接新增了个人微信和微信群两个渠道，改变了以往只能通过公众号与用户连接的方式，而且个人微信和微信群与用户的黏性更强、沟通更方便。

（5）客户挖掘

企业通过策划不同主题的讲座，可以吸引目标客户参加，从而实现精准客户的引流和挖掘。

（6）社群运营

1 次微信讲座能短时间搭建起 1～2 个微信群，多次讲座就能累积多个微信群。企业在讲座后持续运营这些群，就能把讲座群转化成企业的社群资源，长期在社群进行品牌传播和用户转化。

可以看出，微信讲座是 1 种很好的微信营销方法，能为企业创造多种价值。

3. 运营者设置流程

根据用户参与讲座的流程可以推断出运营人员需要完成以下 5 个步骤的设置。

① 讲座海报设置；

② 公众号关键词设置；

③ 个人微信设置；

④ 转发截图审核；

⑤ 微信群运营。

完成以上 5 个步骤的设置后，整个微信讲座的流程就被打通了，用户就能够便捷地参加讲座，企业也能够实现流畅的用户转化。

4. 讲座海报设置技巧

与微信游戏增加关注者的海报设置类似，同样可以使用创客贴制作讲座海报。但讲座海报的设计难度更大，必须明确海报需要展示哪些讲座信息。从用户的需求出发，讲座海报通常需要包含以下 4 项内容。

（1）讲座主题

主题是 1 句精炼的短语，需要突出讲座的内容和核心吸引点，文字精炼、意义明确。

（2）讲座内容

讲座内容是对讲座主题的阐释和补充，是继续增加的吸引点。通常可以把讲什么告诉用户，同时展示主讲人信息。

建议讲座内容以小标题的形式出现，在海报上不适合使用大段的文字，不利于排版美观和阅读体验。

（3）时间地点

时间只须简单写出几月几号几点，通常微信讲座的地点就是在微信群。

（4）参与方式

参与方式是最核心的内容，必须准确传达。比如在公众号二维码的旁边使用以下文案：扫码回复"讲座"报名。这八个字足够精炼，并且意义明确。

海报的文案内容准备完毕后，即可选择合适的模板进行设计，讲座海报的效果如图 5.46 所示。

图 5.46 | 讲座海报示例

5. 公众号关键词设置技巧

根据讲座参与流程可知，用户回复关键词"讲座"，就能收到个人微信联系方式。所以关键词回复内容应该是告诉用户如何添加管理员为微信好友。不建议以文字的形式提供管理员微信号，可以以二维码的形式提供。当用户回复关键词后，直接收到 1 张图片，长按扫码即可直接添加好友。图片加上引导性文字，让用户转化既便捷又清晰。效果如图 5.47 所示。

图 5.47 | 公众号关键词示例

6. 个人微信设置技巧

一次微信讲座至少有成百上千人参加，一个个通过好友验证，一个个告知新用户要转发讲座海报到朋友圈并截图，对运营人员来说将是大量重复性的工作。借助工具 Wetool，可以实现自动通过好友验证并给新用户发送转发文案。

Wetool 是专业的微信关注者和社群管理工具，包含了大量微信关注者和微信社群管理的必备功能，如自动通过好友验证、自动给新用户发送消息、检测"僵尸号"等。Wetool 界面如图 5.48 所示。

图 5.48 | Wetool 界面

用户下载安装 Wetool 客户端，登录个人微信，完成自动通过好友验证和自动给新好友发送消息的设置，就能自动处理关键词以回复添加的好友，并给新好友发送转发海报的文案了。

转发文案可参考：感谢报名！本次课程有付费和免费两种学习方式。可转账 69 元直接进群听课，或者转发下图到朋友圈，提供转发截图后即可免费进群学习。

这样写文案的目的是降低用户对转发任务的排斥感，并通过价值 69 元的对比，让用户主动选择朋友圈转发。同时告诉用户"转发下图"，在自动给用户回复消息时即可把文案和海报图片发给用户，降低用户的理解难度，提高操作的便捷性。

7. 转发截图审核技巧

在用户转发并提供转发截图后，还需要审核截图，看是否进行了分组转发。让用户转发朋友圈的目的就是帮企业传播，如果用户分组转发，就没有实现转发效果。实际运营中，可以不审核朋友圈截图，只在活动规则中告知用户需要转发即可。这样可以大大降低审核时间成本，愿意转发的用户，会自动帮企业传播，不愿意转发的用户，再怎样审核，对方也会想办法规避。所以不如不审核，都可以来听讲座，以一定的牺牲换取更高的运营效率。

8. 微信群运营技巧

首先，要解决自动拉人进群的问题。微信群有 100 人扫码进群的上限，超过 100 人，需要一个个拉人进群。这种典型的重复性工作也可以通过 Wetool 的自动发送群邀请功能实现。

其次，一定要有群规，才能保持群的质量和秩序。一个新群，通过群规则可以解决一些基础性问题，并规定好群秩序。Wetool 的欢迎新人功能可以把群规设置成新人欢迎语，新用户进群后就能收到群规提醒，有益于保持群的高效与稳定。

再次，解决群内发广告的问题。通过 Wetool 的群管理功能，可以设置发链接、二维码等内容自动踢出群，以维持群里的良好氛围。

最后，在实际工作中，用户参加讲座不一定必须经由 5 个步骤。根据企业目的不同，用户可以不关注公众号，或不用转发朋友圈。精简参与步骤虽然会失去一定的转化效果，但因为参与难度降低，用户的参与量会上升。选择简单或复杂的参与流程是由讲座目的和讲座的吸引力共同决定的。运营人员需要根据自身讲座的实际情况，做出具体的选择。

5.4.3 微信上墙互动增加关注者

微信上墙互动是一种常见的线上线下互动形式，通常在活动现场通过屏幕投影的方式，把用户发送的信息显示在大屏幕上，现场人员可以整体查看和互动，并支持抽奖、摇一摇等操作。图 5.49 所示是 Hi 现场的上墙互动展示效果。

图 5.49 | 上墙互动效果示例

Hi 现场是一款专注现场互动的新媒体工具，可以在企业会议、企业年会、酒吧、婚礼、讲座等多种场景下进行现场互动。Hi 现场提供有弹幕、抽奖、赛车、摇一摇等十几种互动形式，能满足多种现场活动的使用场景，如图 5.50 所示。

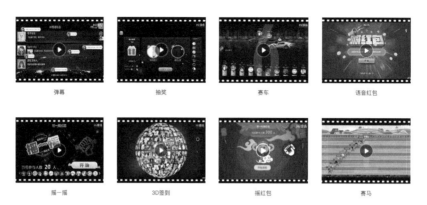

图 5.50｜Hi 现场的多种互动模式

　　针对线下聚集人群，可以利用 Hi 现场实现公众号关注者增加。Hi 现场的互动及趣味属性，使关注者转化过程流畅高效，基本能使现场的所有用户转化成关注者。

　　登录注册 Hi 现场后，单击创建新活动，就可以发起一个上墙活动。如图 5.51 所示，活动发布后，在活动设置页，有互动功能设置、屏幕设计、手机参与方式、屏幕控制台、消息审核、查看大屏幕等多项内容。

图 5.51｜Hi 现场活动设置页

　　（1）互动功能设置

　　互动功能设置是 Hi 现场各项功能的入口，在这里能够设置屏幕展示内容、抽奖、摇一摇互动等。如图 5.52 所示，在幸运抽奖中设置抽奖内容，大屏幕界面就可以显示抽奖界面，单击即可对所有互动用户抽奖。

图 5.52｜抽奖界面示例

（2）屏幕设计

单击"屏幕设计"按钮，可以对大屏幕的显示效果进行设置，屏幕的主题、背景图都可以自定义更换。如图 5.53 所示，可以对屏幕显示的内容（如 Logo、标题等）进行设置，同时能够更改屏幕显示信息的条数以及显示效果。

图 5.53 | 设置屏幕显示效果

注意：为了实现公众号关注者增加，需要把屏幕二维码设置成公众号二维码，并在二维码描述中设置关键词回复内容，以引导用户扫码关注公众号进行互动。

（3）手机参与方式

手机参与方式是供用户参与的上墙地址，有链接、二维码和小程序三种形式。手机参与方式需要与大屏幕地址进行区分，手机参与方式是给用户的，大屏幕地址是在屏幕上公开展示的。

（4）屏幕控制台

屏幕控制台是管理员扫码后在手机端进行操控的地方。在真实的活动场景中，管理员或主持人可以用手机操控屏幕显示效果，在上墙信息、弹幕、抽奖及互动游戏间来回切换。

（5）消息审核

消息审核是审核用户发送的消息的地方，可以选择开启或关闭。对只有内部人员参加的活动，可以不进行消息审核。但如果参与人员繁杂，为了加强对显示信息的控制，避免出现不文明信息，可以开启消息审核。消息审核一旦开启，所有消息都必须经过审核才会显示。

（6）查看大屏幕

单击"查看大屏幕"可以进入大屏幕显示界面，这是给受众展示信息的页面。通过屏幕控制台，可以切换屏幕显示效果。如图 5.54 所示，二维码展示在页面上方，方便用户扫码关注进行互动。用户感受到的场景是，通过手机发送的内容会及时显示在大屏幕上。

图 5.54 | 屏幕显示效果示例

完成以上设置后，还需要在公众号中设置关键词，关键词内容为 Hi 现场的手机参与地址，这样可以打通公众号和 Hi 现场，实现关注者转化。用户通过大屏幕扫码，回复关键词收到参与地址，即可发消息上墙参与互动。运营人员通过手机端访问屏幕控制台后，就可以一边进行现场沟通，一边进行屏幕内容控制，还可以与现场用户进行弹幕消息、摇一摇抽奖等互动。

5.4.4　微信增加关注者方法总结

可以看出，微信游戏、微信讲座、微信上墙 3 种增加关注者方法的本质思路是一致的，都是把用户吸引到公众号，为用户提供价值和服务，从而实现增加关注者。

公众号增加关注者方式主要分为 4 大类型：内容型增加关注者、渠道型增加关注者、工具型增加关注者和物质型增加关注者。

1. 内容型增加关注者

内容型增加关注者指公众号通过为用户提供优质的内容实现增加关注者，如公众号的优质文章、创意视频、知识分享、干货讲座等。

比如视觉志创作的《谢谢你爱我》这篇文章，因为内容足够好，阅读量超过 5000 万，单篇文章实现的关注者增长超过 70 万，这就是典型的内容型增加关注者。1 条短视频自媒体，因视频内容质量高，用户自发传播实现的关注者积累，也属于内容型增加关注者。

内容型增加关注者是公众号关注者增长的核心和关键。

2. 渠道型增加关注者

渠道型增加关注者是通过拓展渠道、增加宣传实现的增加关注者，比如公众号互推、广告主广告等。1 个公众号的关注者是有限的，关注者的自发传播也是有限的。如果有快速增加关注者的需求，就可以通过资源互换或付费投放的方式，拓展推广渠道，让公众号面对更多用户，从而实现增加关注者。

微信平台主要有以下推广渠道：大号投放、公众号互推、知名博主微信投放、行业微信群、广告主广告、付费转发等。

3. 工具型增加关注者

工具型增加关注者指利用工具实现的增加关注者，比如凡科互动游戏增加关注者、Hi

现场互动增加关注者等。投票类活动有固定的代码和模板可以套用，也能够帮助公众号实现增加关注者。还可以与第三方工具打通，通过公众号持续提供工具服务，也是工具型增加关注者的典型方式。

常见的工具型增加关注者有萌宝大赛投票类活动、砍价类活动、转发拼团活动、微信小游戏、微信上墙互动、微路况等。

4. 物质型增加关注者

物质型增加关注者指通过给用户以物质好处实现的增加关注者，比如扫码领纸巾、扫码免费充电等，常见于线下。物质型增加关注者的好处是能快速获得关注者，但缺点是用户流失率高。

常见的物质型增加关注者的方式有：免费连 Wi-Fi、免费领纸巾、免费充电、免费打印照片、免费送饮料、免费骑行等。

增加关注者方式虽然可以变化出上千种，但核心只有一个，就是为用户创造价值。4大增加关注者类型，首推内容型增加关注者，只有持续为用户提供好的内容，才能实现关注者增长的良性循环。

渠道是有限的，渠道的拓展需要投入费用。没有好的内容，即便有好的渠道也不能带来好的转化。而工具只是助手，公众号的运营可以借助工具，但不能依托工具，可以偶尔通过工具实现关注者数量快速增长，但如果没有好的内容承接，新增的关注者也会流失。

物质型增加关注者更是对财力、物力的持续消耗，运营时可以投入物质吸引用户，但是一旦公众号内容对用户失去吸引力，投入再多的财力、物力最终也只是打水漂。

5.5　微信运营拓展

5.5.1　微信社群

社群是因共同目的或兴趣聚集而成的有组织的用户群体。微信社群则是以微信群为依托而存在的社群组织。知名的社群组织有罗辑思维、樊登读书会等。

1. 社群的特点

（1）有主题

任何社群的成立和运营都应该有明确的统一主题，然后在主题的号召下，吸引对应的人群加入，如"新媒体运营群""北京摄影爱好者""樊登读书会"等。主题是社群的旗帜和口号，是社群后期的运营方向。

（2）有组织

成功运营的社群必须有规范的组织管理。一方面要有严格的群规约束用户，保持群内良好的环境氛围；另一方面要组织群内成员交流学习，为社群用户创造价值。一般成规模的社群还会有分工明确的组织管理人员负责社群的维护和运营。

（3）有价值

任何社群的发起皆因其能提供某种价值，社群能否长期运营，关键在其能否持续提供价值。价值是社群的灵魂，社群成员因价值而聚集，因价值而交流沟通并保持群的运转。社群在成立之初，就应该明确自己能提供哪些价值，然后通过对这些价值的宣传吸引用户加入，后期才能为群成员提供价值或动员群成员一起创造价值。

（4）有人气

社群是人的聚集，高质量的社群必须持续保持人气。人气是社群的活跃度，没有活跃度的社群就像没有用户的产品，是没有价值的。社群运营者必须通过各种手段保持社群的活跃。社群的一大杀手就是广告等干扰信息，管理人员必须通过严格的群规来净化群环境。同时要通过价值提供、话题讨论等方式维护群内人员的活跃度，让社群形成良好的沟通氛围，保持社群的人气和生命力。

2. 社群的价值

一个社群的存在一定有其价值，企业社群有其企业营销价值，用户自发成立的社群有其垂直价值。不同类型的社群因其运营目标不同，其社群运营的价值也不同。企业社群具有以下运营价值。

（1）维护"铁杆关注者"

企业运营微信社群，是为了再次深度与关注者进行连接，培养并维护企业的"铁杆关注者"。"铁杆关注者"意味着高转化、高忠诚度和高口碑。培养并维护"铁杆关注者"是新媒体传播时代的企业要务，微信社群则是维护"铁杆关注者"的高效组织。

（2）拓展传播渠道

企业与用户连接的常规方式是微信公众平台，但微信公众平台的关注是单向的，沟通也是被动的，传播还受限制。有了微信社群，既能拓展新的与用户连接的方式，还能将其当成新的传播渠道，在微信群传播公众号等企业内容，让社群用户成为传播节点。

（3）挖掘潜在客户

社群是具有共同兴趣和目标的用户的集合。企业通过运营不同主题的微信社群，可以聚集不同类型的潜在客户，同时通过社群的运营转化，可以挖掘社群内潜在的客户。

（4）沟通核心消费者

互联网时代，企业与终端消费者的沟通更为方便，微信社群就是很好的连接企业与消费者的平台和桥梁。通过微信社群的运营，企业可以与核心消费者保持良好沟通，及时获取产品意见，及时对产品进行调整和优化。

除了通过企业社群进行企业营销之外，还有各种行业社群等垂直类型社群。垂直社群不依托企业或产品，只聚焦垂直人群和服务，其具有以下价值。

（1）资源共享价值

人的聚集代表着信息的传播，各个行业社群天生具有传播行业信息和资讯的优势。及时的行业信息传播，对行业人员来说就是价值。除此之外，各行业、各领域的人的聚集还能实现资源共享互换或合作。资源共享是垂直社群的核心价值。

（2）知识分享价值

学习交流是社群的天生优势和价值所在。不同知识水平甚至不同领域的人的聚集，能够取长补短、相互学习。社群的运营者也会为社群用户提供知识学习和交流分享的平台和机会。经验知识的交流与分享是垂直社群易实现的重要价值。

（3）行业影响力

行业社群聚集了各行业的人员，如果社群质量高，行业精英占比高，那么社群的影响力就会转化为行业影响力。行业影响力对社群的运营者来说是无形财富，能够提高自身的行业影响力和资源整合能力，对群成员来说，高行业影响力社群也能为自己提供高价值信息。

（4）用户培养

兴趣用户的聚集代表着高精准度的意向消费客户，社群用户最终可以转化为付费用户，如读书类社群可以在群内销售书籍，摄影类社群可以售卖摄影课程。社群只要足够垂直并达到一定规模，其社群成员就拥有了某方向产品的用户价值。

（5）付费盈利

社群有免费和付费之分。高价值社群通过口碑和影响力传播，能转化成付费社群，为社群运营者创收。免费社群也可通过知识付费、周边售卖、商业合作等方式实现盈利。付费盈利也是高质量社群的发展目标。

3. 社群打造技巧

在新媒体时代，创建自己的社群可以为企业或自身创造价值。但社群易建，运营不易。同时，如何把一个群拓展成多个群，实现社群的规模化运营，这也是难点。以下 7 条运营技巧，希望能为运营者提供社群运营的思路和方法。

（1）明确主题

在运营社群之前，要明确社群的主题。不同的主题吸引不同的人，一般可以把主题融入到社群的名称中，如"樊登读书会"，用户一看就知道是关于读书的社群。

社群的主题要尽量垂直，命名要尽量独特，方便用户辨识和记忆。"新媒体交流会"这个群名就不够好，虽然能看出来是关于新媒体的，但没有独特的标识，不易于形成辨识度。

（2）规范管理

社群是一个社会组织，必须进行规范化管理，否则会很快失去生命力。实现社群的规范化管理需要做两方面工作。一是群公告实时提醒，在有新用户入群及有群成员违反群规时，要及时发布群公告，并按群规执行。群公告是提炼的群规，是必须遵守的底线和基础。二是建立明确的运营奖惩机制（群成员在群内活动须遵守运营规则），并对群成员进行周期性考核，实行评级和奖惩。

（3）搭建组织

社群运营是长期的高劳动量工作，因此必须搭建社群运营组织。社群应该由群主、管理员等不同分工的人员共同维护，有人负责人员管理，有人负责纪律维护，有人负责资源对接和服务等。通过不同人员的分工，社群才能在社群环境、沟通氛围及价值提供等方面实现标准化和规范化。

（4）价值服务

价值服务是社群的灵魂。一个社群在建立之初就要明确自己的价值所在，这样才能吸引成员的加入，并实现长期运营。通常来说，社群可以为群成员提供以下价值：行业资讯服务、免费资料分享、高效交流平台、行业资源对接、专业知识学习。

（5）激发活跃

社群是有生命力和生命周期的。社群运营者从社群建立之初，就应该规划好活跃社群的机制，保持社群的活跃度，延长社群的生命周期。常规激发社群活跃度的方法有如下几个：知名人士交流、主题讨论、群员问答、日常互动、线下活动等。

（6）人员优化

社群的成员要定期换血和优化。优化的目的有两个：一是清理违规及不合格人员，提高整体用户的质量；二是吸收新的用户，为社群提供新鲜血液，激活社群价值。

（7）商业转化

长期的社群运营必须考虑商业化，不进行商业化，不为自己创造价值的持续付出，很难使社群持久。社群运营是高时间成本的工作，如果不能在社群运营中获利，很难保证社群的质量和持续性。

社群的商业转化有如下常见的方法：付费社群、销售周边、销售产品、咨询培训、广告收入、合作佣金等。

4. 社群运营工具

社群运营者需要与成千上万的用户打交道，因此需要利用工具提高社群运营效率。下面推荐 4 款社群运营工具，以帮助社群运营者在各个维度提高工作效率。

（1）Wetool

Wetool 是功能强大的社群管理工具，拥有自动建群、自动发送群公告、管理群秩序等功能，能大大提高运营者的工作效率。图 5.55 所示是 Wetool 企业版的部分功能。

图 5.55 | Wetool 企业版部分功能

（2）建群宝

建群宝是快速裂变社群及进行社群管理的有力工具。微信群限制至多只能有 100 人扫码进群，利用建群宝，能在超过 100 人时自动识别并跳转到新群，突破微信群超过 100 人必须逐个拉人进群的限制，实现微信群的快速裂变。图 5.56 所示是建群宝的部分社群管理功能。

（3）社群助手

社群助手（原小 U 管家）是综合性的社群管理工具，拥有群内自动答疑、群聊保存、成员管理、潜水查询等多种功能。图 5.57 所示是社群助手的部分功能截图。

图 5.56 | 建群宝部分社群管理功能

图 5.57 | 社群助手部分功能

（4）一起学堂

很多社群会有多群直播的需求，一起学堂集"直播、录播、重播、移动互动、在线教育"等功能于一体，是基于微信平台的直播教学工具，能帮助社群运营者实现多群直播互动，助力完成知识培训。图 5.58 所示是一起学堂的部分直播教学功能。

图 5.58 | 一起学堂直播教学功能

上述 4 款工具是目前应用较广泛的社群运营工具，各有特色，有些可免费试用，有些须付费。运营者可根据自己的实际运营需求决定使用哪款产品。在社群起步阶段，可以先使用免费工具提高运营效率，当社群达到一定规模后，再使用付费工具助力社群盈利。

5.5.2 微信小程序

微信小程序是依托微信平台的一种新的应用，不需要下载和安装，只需要通过微信扫一扫或搜一搜功能即可直接获取，有即扫即用、用完即走的特点。

小程序统一的规范化要求，保证了用户的良好体验。对小程序来说，把使用场景控制在微信平台以内，加强了对用户与第三方应用的控制。对第三方 App 来说，小程序提高了用户使用产品的便捷性与使用频率，但 App 的流量会被平台侵蚀。

1. 小程序的类型

目前微信平台上主要有以下 5 类小程序。

（1）游戏类

小程序的便捷性让游戏类产品在微信平台发展迅速，头部游戏类小程序在用户量和盈利方面均已走出成功路径。图 5.59 所示是目前市场占有率较高的游戏小程序"跳一跳""欢乐斗地主"等。

（2）电商类

微信平台庞大的用户基数和超强的活跃度，是电商发展的优良土壤。传统电商平台借助小程序能更好地连接用户，实现销售转化。目前用户量较大的电商类小程序有拼多多、京东优惠等。图 5.60 所示是京东优惠小程序截图。

图 5.59 │ 游戏类小程序

图 5.60 │ 京东优惠小程序

（3）生活服务类

小程序在连接线下服务方面，有着便捷的使用优势。热门的生活服务类小程序有猫眼电影、乘车码、快递 100 等。图 5.61 所示是快递 100 的小程序界面，通过其能够便捷高效地查快递、寄快递。

（4）工具类

一些工具类应用，借助微信小程序，在使用频率和用户黏性方面均有很大的提高，如办公类应用金山文档和通过计步获得奖励的步数宝。步数宝等运动类小程序把中老年人爱运动的场景和物质奖励相结合，大大提高了产品对用户的黏性。图 5.62 所示是步数宝的活动页面，用户通过坚持做任务的方式可以获得奖励。

图 5.61 | 快递 100 小程序

图 5.62 | 步数宝小程序

（5）内容资讯类

内容资讯类小程序是对微信平台的公众号和看一看的补充，用户可以直接从微信平台获取外部资讯平台的信息。较典型的有热门微博、知乎热榜、汽车之家等。图 5.63 所示是知乎热榜的小程序截图，用户可以直接在微信平台看到实时的知乎热点资讯。

除以上几种类型外，热门的小程序类型还有社交类、图片类等。小程序在连接线下和生活服务等方面弥补了原来垂直 App 的不足，拓展了新的微信使用场景，让微信向超级平台又迈进了一步。

图 5.63 | 知乎热榜小程序

2. 小程序的入口

在微信内部，主要有以下 8 种方式可以获得小程序。

（1）扫一扫

利用微信扫一扫功能，在线下直接扫描小程序码即可进入小程序。

（2）下拉菜单

下拉微信对话页面，在下拉菜单中即可显示用户常用的小程序和自己添加的小程序。

（3）微信对话

在聊天或群聊中也可以分享小程序。

（4）搜一搜

根据关键词使用搜一搜，搜索结果能直接展示小程序内容。

（5）自定义菜单

把小程序添加到公众号的自定义菜单中，当用户访问公众号菜单时可以直接跳转到小程序。

（6）公众号文章

把小程序添加到公众号的文章中，用户在阅读文章时可以触发小程序。

（7）附近的小程序

在微信发现页面单击小程序，可以查看附近的小程序。

（8）公众号介绍

把小程序添加到公众号的介绍中，当用户打开公众号介绍页面时可以看到相关的小程序。

3. 小程序制作流程

制作小程序一般有两种思路：一是根据自身原有业务，通过小程序实现对应服务；二是从零切入小程序市场，根据场景和需求，进行全新的小程序开发。不管以哪种思路开发小程序，在制作流程上都需要遵循以下 4 步。

（1）注册

小程序的注册入口在微信公众平台。在注册时需要注意：小程序的注册邮箱需要是未被微信公众平台注册、未被微信开放平台注册、未被个人微信号绑定的邮箱。小程序注册界面如图 5.64 所示。

图 5.64 | 小程序注册界面

（2）小程序信息完善

注册完成后，需要填写小程序的基本信息，包括名称、头像、介绍及服务范围等。首先可以选择与企业主体相同的名称作为小程序名称；其次可以根据搜索热词排行，选择用户搜索量大的词作为小程序名称，这更有利于在后期获得自然流量。在介绍和服务范围上，也可做相同的关键词优化。

（3）开发小程序

小程序的开发主要有 3 种方式：一是自建团队独立开发，二是找第三方定制开发，三是使用第三方平台的模板开发。

目前有较多的第三方小程序平台，如即速应用、有赞、轻芒、凡科轻站等，它们各有特色，有些在模板上偏重电商，有些有较好的使用体验，有些提供可视化开发；部分第三方平台提供永久免费的小程序开发服务，有赞等收费平台则有较完备的功能和体系化服务，企业可根据自身需求选择不同的第三方平台。

（4）提交审核和发布

完成开发后提交资料等待审核，腾讯官方审核通过后，即可发布小程序。在提交时需要注意，提交的标题可以直接写小程序名称，并且在标签的选择上要注意关键词的优化，方便用户检索到公众号，标签通常可以写小程序名、行业词、经营类目等词汇。

4. 小程序推广技巧

小程序上线后，运营人员必须对小程序进行推广，以提高产品使用人数。根据小程序的使用场景，主要有以下 5 大类的推广方式。

（1）线下扫码推广

用户在线下购物、使用产品服务时，可以通过引导用户使用小程序进行支付等操作，推广小程序；或者通过设置赠品等方式，让用户扫小程序码领取，完成新用户的拓展。

（2）搜索优化推广

微信搜索为小程序增加了自然流量的入口，可以通过对小程序名称、标签等关键词的优化，实现用户的自然增长。同时小程序还设有附近的小程序入口，通过优化附近的小程序，也能增加小程序的曝光。

（3）公众号推广

公众号的推广分为两部分：一是通过公众号为小程序引流，如在自定义菜单、公众号介绍页面添加小程序入口；二是公众号内容推广，通过撰写介绍小程序功能的相关文章推荐小程序，并在文章中插入小程序，引导用户使用。

（4）营销裂变推广

营销裂变推广是较快速的小程序推广手段，通过发红包、立减现金、分享有礼等方式，引导用户在使用小程序时进行主动传播。比如各类火车票抢票小程序，就是通过邀请好友加速的方式，实现小程序的快速裂变传播。

（5）广告投放推广

通过微信广告产品进行小程序的付费推广，如进行朋友圈广告投放、公众号和小程序广告投放等。同时对于有资源的小程序运营者而言，也可以通过资源互换的方式进行互推，如通过合作企业的公众号或小程序来推广自己的小程序。

以上 5 种小程序推广方式，适用于小程序不同的运营阶段。如搜索优化推广需要在小程序上线之初就通过设置名称标签的方式完成，同时小程序的名称越早注册越好，注册的越早排名越靠前。

线下扫码推广和营销裂变推广是需要与小程序的开发结合起来的，如把扫码作为使用场景的必备环节，把分享营销活动当成小程序功能的一部分。

公众号推广需要一定的公众号关注者基数及一定的公众号传播能力。广告投放推广则适合商业模式清晰或盈利转化有保证的小程序产品，否则付费投放将毫无成效。

5．小程序数据分析

在小程序的运营过程中，需要结合小程序的运营数据为今后的运营提供思路，在这里推荐 3 款小程序数据分析工具。

（1）小程序数据助手

小程序数据助手是微信公众平台发布的官方小程序，支持开发和运营人员查看自身小程序的运营数据。如图 5.65 所示，小程序数据助手会对小程序的访问情况及用户属性等数据进行可视化展示。

（2）阿拉丁指数

阿拉丁指数是第三方的小程序指数数据分析平台，其可对全网的小程序进行整体的数据分析。如图 5.66 所示，使用阿拉丁指数能够直观了解各领域内小程序的排名情况及账号数据详情。

图 5.65 ｜ 小程序数据助手

图 5.66 ｜ 阿拉丁指数

（3）TalkingData 小程序

作为第三方数据服务商，TalkingData 提供的小程序数据分析能够利用小程序公开接口，打通自有数据，补充小程序用户的地域、机型、联网分布等数据，为运营者提供更全面的数据支持。图 5.67 所示是 TalkingData 小程序数据分析的截图。

图 5.67 ｜ TalkingData 小程序

小程序的运营推广与微博、微信的推广类似，都是围绕用户进行的，不同的是小程序偏重产品运营，微博、微信偏重内容运营。在运营过程中，把小程序当成一个独立产品，并结合微信的社交生态去运营，能获得更多的运营思路。

5.5.3 微信店铺

除了自建平台、使用第三方平台进行产品销售外，搭建微信店铺，连接微信用户，实现产品销售，也是电商类企业微信运营的必由之路。

微信店铺的搭建有自建团队开发、第三方定制开发和使用第三方电商平台开发3种方式。从投入产出效率上，推荐使用第三方电商平台搭建微信店铺，这样可以免去平台开发和维护的成本，同时能保证店铺的自由度和良好的使用体验。

第三方电商平台有微店、有赞、微盟等。微店功能较简单，偏重个人用户免费开店使用；有赞和微盟是收费的电商服务平台，适合专业的电商企业使用，其中，有赞偏重商家服务，微盟偏重综合营销服务。

使用第三方电商平台搭建微信店铺，能够模板化、可视化地设置店铺，不需要开发人员而只需运营人员即可完成店铺的搭建。下面以有赞微商城的店铺搭建为例，讲解微信店铺的搭建方法。

1. 有赞店铺的搭建

用手机账号注册并登录有赞后，单击"我要开店"，即可完成一个店铺的搭建。有赞提供7天的免费试用期，商家可以先免费开店，体验后再决定是否付费开通。

如图5.68所示，在店铺的类型上，有赞提供微商城、零售、教育等多种类型。企业可根据自身行业选择对应的店铺类型。如无特殊需求，可直接选择开通微商城。

图 5.68 | 有赞店铺的不同类型

如图5.69所示，进入店铺后台，概况页会显示店铺实时的经营数据，对每日订单数、访客数、支付人数有直观显示，方便运营者实时掌握店铺的经营情况。

使用有赞搭建微商城，只需要做两件事：一是上传商品，二是完成微页面建设。一件件商品组成了微页面，而不同的微页面则组成了整个店铺。

如图5.70所示，单击"商品—商品管理—发布商品"，会显示商品名等信息，按要求填写信息，即可完成商品的发布。

图 5.69 | 有赞店铺概况页

图 5.70 | 有赞店铺商品管理页

完成商品发布后，再把不同的商品按照类型组成不同的页面。如图 5.71 所示，有赞提供了多种模板，选择适合的模板风格，直接替换内容，即可完成微页面建设。

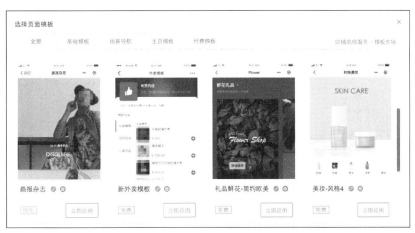

图 5.71 | 微页面模板

微页面的建设是可视化和模块化的。如图 5.72 所示，替换文字、图片和对应的跳转链接，就可以完成微页面的建设。同时模板微页面支持删除和添加新的素材，运营者可以按照自己的需求把想展示的内容添加到模板微页面上。

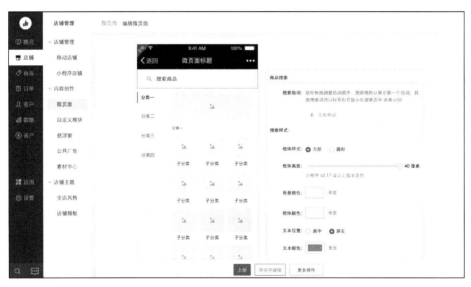

图 5.72 | 编辑微页面模板

制作多个微页面后，可以指定其中一个为主页。如图 5.73 所示，主页应该是一个综合页面，从主页能够跳转到其他的微页面或直接跳转到商品、优惠券等。

图 5.73 | 设置主页

2. 商城与公众号的连接方式

完成各个页面及店铺的主页设计后，微商城的基本建设就已经完成。接下来需要把店铺和微信公众号打通，实现企业微信店铺的流量导入和产品销售。把店铺的主页、商品等以链接或二维码的形式放在公众号内，即完成了连接。

（1）被关注回复

在公众号的被关注回复中，可以用文字链接或二维码的形式把店铺地址提供给用户，当用户关注公众号后，可以直接看到并访问店铺地址。

（2）自定义菜单

可以将店铺主页地址设置到自定义菜单中，用户在公众号页面即可查看和访问。

（3）公众号图文

把商品二维码或微页面二维码插入到图文中，引导用户访问店铺或查看商品详情。

（4）阅读原文链接

把商品链接或店铺地址放在图文的阅读原文中，让用户阅读完文章后单击阅读原文实现销售转化。

（5）关键词回复

把店铺地址、商品链接甚至是店铺优惠券地址设置成关键词，在微信图文中推广，引导用户回复关键词以获取对应内容。

3. 微信商城推广技巧

在微信平台做电商，就是为了把微信的用户转化为消费者。对企业运营者来说，更直接的需求是把公众号关注者甚至外部微信用户的流量引导到店铺，实现销售转化。结合微信的社交特点，微信商城常见的推广手段有如下几种。

（1）红包优惠券

电商类活动对用户最有效的转化方式就是给用户发红包、送优惠券，可以通过增加门槛（比如限量抢）的方式给用户发购物红包、专项优惠券等，让用户得到好处，进而提高购买转化率。

（2）游戏抽奖

公众号可以结合节日热点，不定期发布抽奖活动，通过随机抽奖的方式，给用户以商品折扣、购物红包、专享优惠券等商品购买福利，提高用户的互动黏性和购买意愿。

（3）分享赚钱

以分享赚钱为吸引点，引导用户自发地传播销售商品，让用户在分享中获得销售佣金，让企业实现更多的曝光和销售。

（4）多人拼团

利用"多人拼团购买有优惠"的活动形式，引导意向消费者转发传播，号召更多人购买，企业则通过让利实现销售转化比和销量数量的增长。

（5）帮我砍价

分享给好友帮忙砍价也是常见的推广形式，通过用户的转发传播，可以让商品获得更多曝光，让店铺获得更多流量。

分享赚、拼团、砍价等都是具有微信特色的社交电商推广方式。如图 5.74 所示，除以上推广方法外，有赞微商城还为商家提供了更多社交电商新玩法。企业可以根据自身商品的特点和用户喜好，选择合适的营销工具，实现微信电商的更好转化。

图 5.74 | 有赞微商城社交电商新玩法

本章小结

本章主要讲解了公众号运营、关注者增长以及社群、小程序、微信店铺的相关内容。其中公众号的图文排版、内容打造和数据分析是基础工作和核心工作，运营人员必须牢固掌握。关注者增长的相关推广方法是运营提升的重点，决定着运营人员的水平和能力，需要不断实践。微信拓展部分介绍的社群、小程序及店铺的搭建，运营人员也需要结合实际工作的需要，对其进行有重点地学习实践。

练习题

1. 根据自己的公众号定位，结合热门话题撰写一篇原创公众号文章，要求排版精美。
2. 利用游戏增加关注者方法，策划并设置公众号增加关注者流程，传播游戏海报，实现 1000 名关注者的增长。
3. 使用有赞微商城搭建微信店铺，完成一款商品的购买及发货。

第 6 章
自媒体运营

学习目标

了解自媒体基础知识和自媒体盈利模式，理解各个自媒体平台的区别，掌握自媒体运营技巧，理解头条号机器推荐的原理，并能遵循原理进行自媒体运营。

本章重点

本章建议重点掌握以下核心内容：首先，了解什么是自媒体，明确自媒体的盈利模式，理解各个自媒体平台的区别；其次，掌握自媒体运营技巧，能够完成自媒体从定位到内容发布的运营实战；再次，了解头条号的机器算法推荐机制，并能够按照推荐机制进行头条号自媒体的运营；最后，从 0 到 1 了解自媒体，掌握自媒体运营方法，完成自媒体的独立运营。

6.1 自媒体基础知识

6.1.1 什么是自媒体

自媒体是指个人或组织在新媒体平台上注册账号，持续稳定地生产内容，然后发布到平台上，通过用户阅读完成传播、实现盈利的一种媒体形式。自媒体是随着互联网资讯平台的发展而出现的一种新兴媒体形式。自媒体改变了传统上由专业机构、专业人员生产专业的媒体内容，并由专门的渠道进行发行的媒体形式。

自媒体让参与媒体信息生产的门槛大大降低，个人实名制后就可以生产和发布信息。媒体平台不再自己生产内容，而是提供创作服务，让自媒体创作者生产内容，平台则负责分发给用户，同时，信息的分发过程也变得自由和扁平，平台根据内容质量和用户喜好进行在线分发。自媒体让互联网信息的生产、发布和传播变得更加全民化和自由化。

从广义上来说，自媒体包含文章类、图片类、视频类等各种形式，只要是个人或组织生产的内容，供用户或关注者消费的形式，都是自媒体。本章的自媒体概念限定为百家号、头条号、企鹅号等资讯平台的自媒体形式，知识讲解也以资讯平台的自媒体运营为对象。

6.1.2 自媒体平台区别

目前大型资讯类互联网公司都打造了自己的自媒体平台，运营者需要先了解平台，并熟悉各平台的特点，然后才能选择合适的平台进行运营。目前主流的自媒体平台有11种。

1. 自媒体平台

（1）公众号

公众号既是微信的内容服务平台，也是重要的自媒体平台。公众号发展最早、实力强大、用户黏性较高。公众号依托微信，拥有数亿用户，而且平台规则完善、保护原创，是影响力强大的自媒体平台。

（2）微博

随着自媒体的发展，作为社交平台的微博也发挥了重要的自媒体作用。微博自媒体的特点是开放和社交，受众偏向年轻群体及文化水平较高的用户。

（3）百家号

百家号是百度为内容创作者提供的自媒体平台，内容主要分发到手机百度、百度搜索、百度浏览器等百度产品上。创作者可以在平台实现内容发布、关注者管理和商业变现。百家号的优点是重原创、重优质内容、收录好，但对内容的把关较严。图6.1所示是百家号的首页登录界面截图。

（4）头条号

头条号是今日头条的自媒体创作平台，用户基数大、活跃度高、黏性强，内容主要分发到今日头条App。头条号的核心优势是算法推荐，它能够根据用户的兴趣把不同的内容推给对应的人群。

图 6.1 | 百家号登录界面

（5）企鹅号

企鹅号是腾讯的内容开放平台，其依托腾讯强大的用户基础，打通腾讯旗下多款产品，将内容分发到腾讯新闻客户端、手机 QQ 新闻、手机腾讯网、天天快报等多个平台。图 6.2 所示是企鹅号的内容分发平台截图。

图 6.2 | 企鹅号内容分发平台

（6）大鱼号

大鱼号是阿里旗下的自媒体平台，其内容主要被分发到 UC 浏览器、土豆、优酷等阿里旗下平台。大鱼号的特点是对新用户友好，新注册自媒体用户会获得新人推荐，在运营初期较易获得平台推荐。

（7）一点号

一点号是一点资讯的自媒体创作平台，特点是按兴趣为用户提供私人定制化内容。一点号对自媒体创作者较友好，后台使用体验较佳，内容主要分发到一点资讯 App。

（8）搜狐号

搜狐号是搜狐的自媒体创作平台，特点是起步早、收录好，但市场占有率有限。搜狐号内容主要分发到搜狐网、手机搜狐网、搜狐新闻客户端 3 个平台。

（9）网易号

网易号是网易旗下的自媒体开放平台，是网易传媒在完成两端融合升级后，全新打造的自媒体内容分发与品牌助推平台。网易号的特点是采用自动推荐和人工定向推荐相结合的推荐方法，内容主要分发到网易新闻、网易客户端等网易平台。

（10）简书

简书是一个优质的创作社区，在自媒体的大背景下，其也成为了优质的自媒体创作平台。简书平台的特点是内容质量高、偏文艺，但较小众。简书可以理解为创作版的豆瓣。

（11）知乎

知乎首先是一个问答平台，但对内容的看重让知乎成为了一个重要的自媒体平台。知乎对创作者的支持和版权保护较好，用户文化素质较高，是一家优质的内容创作平台。

除以上平台之外，还有凤凰网的大风号等自媒体平台。可以看出，媒体信息类平台都在打造自己的创作者平台，以吸引自媒体人进行创作。虽然自媒体平台众多，但对运营者来说，只须根据平台的区别和特点，结合自己的目的，选择合适的平台即可。

2. 自媒体平台区别

（1）用户基数大

运营自媒体如果是为了通过平台分成盈利，应该首先选择用户基数大、分成效果好的平台，如头条号、企鹅号、百家号、网易号、大鱼号等平台。

除了依靠平台分成盈利外，接广告也是自媒体的一种盈利方式，因此也可以选择微博、微信这两个用户基数庞大的平台。

（2）收录效果好

企业通过运营自媒体，不仅可以实现盈利，还可以进行品牌宣传。企业进行品牌宣传可以选择百家号、搜狐号、知乎、简书等收录效果好的平台。但自媒体平台通常会对商业信息进行过滤和限制，因此进行企业宣传时，需要注意内容的创作方式。

（3）平台质量高

有一些新媒体从业人员运营自媒体是为了打造个人品牌，此时需要选择质量高的平台进行运营。平台质量高，既利于创作者的内容创作、传播和沉淀，又利于积累个人的品牌知名度，为此可选择知乎、简书、微信、微博、百家号等平台。

自媒体行业发展迅速，在平台的选择上应该及时调整，灵活变动。如微信公众平台作为主流的、核心的自媒体平台，目前的流量已被今日头条等平台分散，虽然微信公众平台依然影响力强大，但在选择平台时也应该考虑到这种变化。从商业角度来说，运营自媒体就是运营流量，流量在哪儿，哪个平台就更有价值。

6.1.3 自媒体盈利模式

自媒体运营是要有盈利模式的，有了清晰的盈利模式，才能实现持续化、专业化的运营。常规来讲，进行自媒体运营，可以通过以下9种方式实现盈利。

1. 平台分成

平台分成指自媒体平台对创作者的广告分成。公众号、头条号等自媒体平台会在文章的底部植入广告，广告曝光或被点击，平台都能获得广告收入。平台会根据文章阅读带来的广告展示、点击数据对创作者进行分成奖励。

优秀的公众号运营者会拥有流量主功能，能够在文章的中间或底部展示广告。当文章被用户阅读时，公众号会根据广告的展示和点击次数给运营者分成。

平台分成是一种常见的自媒体盈利模式，要想获得可观的分成收入，需要文章的阅读量高，广告的点击次数多。

2. 广告接单

广告接单指自媒体运营者依靠自己的关注者基数和账号阅读数据，自主接受企业的广告投放，通过在文章中植入广告的方式实现盈利。广告接单是自媒体的主流盈利模式。

3. 用户打赏

微博、公众号、知乎等自媒体平台都有打赏功能，读者可以通过打赏的方式表达自己对作者的支持和认可。对自媒体创作者来说，打赏收入通常不多，只是一种物质形式的精神鼓励。

4. 付费阅读

自媒体创作者可以把自己创作的内容设置成付费阅读模式，用户查看文章需要付费，从而获得收入。

5. 代理佣金

代理佣金指代理淘宝等平台商品的销售，通过销售商品获得佣金收入。自媒体创作者有关注者和流量，通过代理与关注者匹配的商品，能够把流量转化成销量，从而实现流量变现。

6. 周边销售

周边销售指自媒体创作者根据自己的自媒体定位，开发周边产品或创立产品品牌，然后把产品销售给自己的关注者。

罗辑思维卖书、李子柒卖李子柒牌牛肉酱，都属于周边销售。当关注者积累到一定基数，而且关注者黏性和忠诚度较好时，就可以开发周边或直接创立品牌产品，实现自媒体向电商的转化。

7. 付费社群

付费社群是指通过自媒体积累关注者，然后把关注者转化成社群的用户。知识类、兴趣类自媒体可以吸引到精准的学习者或兴趣群体，运营者再通过付费社群对精准用户进行转化。即用社群提供服务，用付费的方式实现盈利。

8. 培训出书

自媒体有了关注者和影响力，就有了知名度和成功案例。凭借知名度和成功案例，就可以进行培训授课、出书分享经验等。此盈利模式适合与知识付费行业接近的自媒体。

9. 账号销售

账号销售是指把自媒体账号运营到一定规模后，卖掉账号实现盈利。一些规模化运营的自媒体机构或个人，会购买已经运营成熟的账号进行持续化运营，这样能够节省初期运营成本，迅速形成规模。

以上基本包含了目前自媒体盈利的主流方法。其中，平台分成和广告接单是自媒体的主流盈利模式；用户打赏和付费阅读因为收入规模不大，只作为自媒体盈利的补充；代理佣金和周边销售是较适合电商行业的盈利模式；付费社群和培训出书是适合教育培训、知识付费行业的盈利模式；账号销售则是终极的、一次买断型的盈利方式。不同类型、不同规模的自媒体，应该在实践探索中选择不同的模式实现盈利。

6.2 自媒体运营技巧

6.2.1 自媒体定位技巧

进行自媒体运营，首先要进行自媒体定位。定位是指确定自媒体的运营方向，创作哪方面的内容，如娱乐、体育、美妆、教育等。一般可以从 3 个角度进行自媒体定位。

1. 兴趣定位

兴趣定位指根据自身兴趣进行定位，如喜欢汽车可以做汽车类的自媒体。兴趣是最好的老师，感兴趣自然会多关注、多了解，能够获取更多的信息，同时感兴趣也更利于持之以恒地去运营。

2. 能力定位

除了兴趣之外，还可以根据自己擅长的领域进行定位。选择自己擅长的、有能力做好的领域进行运营，在起步阶段就有了专业性优势。如一名新媒体老师选择新媒体领域，在内容的生产上就具有天然的专业优势。

3. 热门定位

除了根据兴趣和能力定位外，还可以根据热门领域定位。热门领域受众广泛，有广泛的用户基础，会有较高的阅读量，能获得更多流量和收入。

运营者可以从以上 3 个角度，结合自身特点和目标，选择合适的领域进行定位。完成了定位，就明确了自媒体的运营方向。

6.2.2 自媒体内容创作技巧

运营自媒体，内容是关键。内容好坏直接决定着是否有阅读量，是否有关注者，是否能长期坚持下来，是否能实现盈利。在内容创作上，要从选题、标题和排版 3 个角度进行优化。

1. 选题技巧

选题指写什么，写什么比怎么写更关键。下面分享 5 种选题技巧。

（1）根据定位选

根据定位选是基础要求，也是思路源泉。在思维受限时，可以把定位当成 1 个大类，然后在这个大类之下，再拓展出 10 种或更多种小类，每 1 类都是 1 个新的选题方向。

例如针对美食定位的自媒体，可以把美食拓展成以下小类：中式美食、西式美食、减肥餐、营养餐、婴儿辅食、养生食疗、应季美食、手工美食、甜点、面食等。其中，中式美食又可以根据地域分为川菜、鲁菜、湘菜、东北菜、上海菜等。

通过这种方式，思路得到了开拓，可写的内容也多了，而且全部符合自身定位。

（2）根据热点选

根据热点选，指要关注每日热点事件，要写当下最有热度的内容。热点意味着关注度和流量。自媒体运营者可以根据百度指数、微博热门话题榜、搜狗微信热文排行等工具，选择当天最热门、最有关注度的事件进行话题创作。

热点必须要结合自身定位。任何一篇文章的主题，都不能偏离自身的定位。只有这样，选题内容才既能获得热点流量，又能符合自身定位，为用户提供价值。

（3）根据受众选

根据受众选，指分析你的核心受众是哪些人，他们有什么特点，他们为什么关注你。这样倒推的结果会使内容的选题更符合用户的需求，更能获得用户的青睐。

一些自媒体运营者往往会在选题上陷入误区，只关注"我想发什么"，而没有关注"用户想看什么",进入了主观误区。根据受众选是用户思维的反思,既能够对自身定位进行纠偏,还能够拓展选题思路。

(4)根据名词选

根据名词选,指根据大众都知道的词汇和话题确定选题。这里的"名词",指名人、明星、知名地点、知名事件等有大众熟知度的公共词汇,讨论大家都知道的内容,才有关注度。

(5)根据节日选

节日和纪念日是将要到来的热门话题,所以可以未雨绸缪,提前准备选题。

自媒体人应该根据自身定位,选择适合自己讨论的话题,在节日到来前提前准备内容,这样在节日当天发布后,能够趁着话题热度获得高曝光。

2. 标题撰写技巧

用户在浏览信息时,首先看到的是标题,标题是否有吸引力,决定着用户是否会点击。在碎片化阅读时代,好的标题对文章阅读量的贡献至少占到整体的 50%。

除标题之外,用户在阅读文章之前,有时候还会看到封面图片。一般自媒体文章的封面会展示 1 张图或 3 张图,运营者需要有意识地为文章进行封面配图,并且封面图片应该是本篇文章中最具吸引力的图片。通过标题和配图同时吸引用户,可以提高文章的点击率。

3. 内容排版技巧

内容是文章质量的保证,下面分享文章的排版技巧。自媒体文章应该从以下 4 个方面进行排版优化。

(1)文字排版

文字推荐使用默认字号或 15 号左右的字号;

文字字号尽量统一,全文建议不超过 2 种字号;

文字颜色不宜过多,建议统一使用 1 种颜色,至多不要超过 3 种颜色;

文字行间距可以稍大,推荐 1.5 倍或 2 倍行距。

(2)段落排版

段首不用空两格,可以顶格排版;

整段文字不宜过长,建议控制在 5 行以内;

段落与段落之间、段落与图片之间空 1 行;

段落与段落之间多穿插图片。

(3)配图排版

图片质量要过关,不能不清晰、有水印,更不能侵犯版权;

整篇文章图片风格要统一;

统一使用 16∶9 或 4∶3 等横长图片进行配图;

尽量保证一屏一图。

(4)其他排版

把重要信息放在开篇进行引导,答案放在结尾揭晓;

如果文章过长,推荐使用小标题进行结构区分;

整体文章不宜过长,一般在 3 分钟内要能够读完;

如果要放作者信息,建议放在文末。

4. 素材挖掘技巧

要进行长期的自媒体运营，必须学会挖掘和积累素材，这样才能保证文章内容的持续性，下面提供5种素材挖掘思路。

（1）热点挖掘

从每天的热点中挖掘与自己有相关性的内容进行创作，能够搭上热点的流量快车。挖掘一个热点的所有资料，能够在广泛的内容中找到与自己的结合点，然后把热点素材当成验证自身观点的案例，即可完成自身的内容创作。

（2）同行挖掘

各个行业排名靠前的账号，都是值得学习的榜样。要善于学习、借鉴优秀同行的创作技巧，参考同行的选题和内容，然后自主搜集资料，在具体方向上写出自己的观点。

（3）搜索挖掘

要善于利用各类搜索工具，如利用今日头条首页、微信首页、新榜、微小宝数据排行榜等工具搜索关键词，根据搜索结果获取素材。

（4）生活挖掘

进行自媒体创作，要善于观察生活、思考总结，把生活中的常见素材用专业的文章进行解读，是最接地气、最有市场的内容创作方式。

（5）资料库挖掘

新媒体人应该学会搭建自己的内容资料库。通过文件夹，把从网络上获取的各种资料和素材进行归类，然后在创作时可以搜索使用。资料库越丰富，可使用的素材越多。

6.2.3 自媒体内容运营技巧

自媒体运营除了要写出好内容外，还要遵循平台特点和传播规律，掌握内容运营技巧。以下5个技巧是持续运营自媒体的必要条件，自媒体人应该深刻理解并按照要求执行，使自身的运营质量不断得到提升。

1. 垂直化运营

垂直化运营指自媒体应该有清晰的定位，在运营过程中要始终发布符合自身定位的内容。不进行垂直化运营的弊端有：关注者数量得不到有效的积累，文章推荐对象不够精准，平台对账号的质量判定也会降低，整体影响自媒体的健康发展。

2. 持续化运营

持续化运营指应该持续、有规律地运营自媒体。各平台对自媒体都有严格的打分制度，不同运营质量的自媒体获取的推荐流量也不同。持续化运营一方面能够使账号等级不断提升，进而获得更多平台推荐；另一方面能够在量的积累中实现质的提升，使自媒体运营更容易成功。

3. 视觉化运营

视觉化运营指自媒体的内容要注重视觉吸引力，多使用图片、动图、视频等，从而丰富文章内容。内容消费形式经历了文字、图片、语音、视频的递进变化，图片和视频的视觉吸引力更强，更利于提升读者的阅读体验。自媒体文章的视觉化能够提升用户对文章的好感度，提升运营效果。

4. 互动化运营

互动化运营指自媒体要注重关注者的互动和积累。虽然自媒体文章主要是为用户提供阅读价值，但互动是目前自媒体的主要特质。进行互动化运营，更易积累自媒体关注者，更易提高关注者黏性，同时提高文章的互动量对文章的质量判定也有促进作用。互动化运营是自媒体运营的一个核心策略。

5. 原创化运营

原创化运营指自媒体要坚持原创。自媒体要想实现长久发展，必须坚持原创。原创是内容创作者的灵魂，也是自媒体人的底线和核心竞争力。

6.3 头条号算法推荐运营技巧

6.3.1 头条号算法推荐原理

目前主流的自媒体平台在内容分发上，都增加了平台算法的推荐方式。今日头条是算法推荐机制的先行者，依靠算法推荐机制实现了用户规模的持续增长。基于今日头条所取得的成绩，本小节将以头条号为例，讲解算法推荐机制下自媒体的运营技巧。

所谓算法推荐，就是由系统去分析文章内容，然后把内容推荐给相关的用户。与算法推荐相对应的是传统媒体的编辑推荐机制。

算法推荐会根据人的不同兴趣展示不同的内容，千人千面，用户只要刷新，就会有内容的更新。如图 6.3 所示，今日头条的 Slogan "你关心的，才是头条" 就是算法推荐理念的展示。

图 6.3 | 今日头条 Slogan

1. 推荐要素

算法会根据 4 个核心特征去判定 1 篇内容如何展示。

（1）文章特征

文章特征指根据文章的关键词、标签热度、转载时效、相似度等因素判定文章的内容、方向和质量，把文章推荐给对应的用户。

（2）用户特征

算法除了分析文章外，还会分析用户，会根据用户的性别、职业、年龄、兴趣、地域以及短期点击行为等因素，确定用户的需求和喜好，然后把相关性高的文章展示给用户。

（3）环境特征

除了文章和用户特征外，环境因素也是影响推荐的要素之一。环境包括时间、地域、天气、网络环境等。环境影响着需求的精准程度，比如云南某区域即将下雨，当地用户可能会看到和天气变化有关的信息。

（4）质量特征

除了内容相关性，算法还会对文章的质量进行把关筛选。首先，会屏蔽违规信息；其次，如果文章在其他平台已经发布过，或与其他文章有雷同或相似之处，也不会进行推荐。

2. 流量池机制

所谓流量池，可以理解成流量被分散到大大小小不同的池塘，1 篇文章会先被推荐到小池塘，如果文章的点击量高，互动效果好，会再被推荐到流量更大的池塘，以此类推，直至文章被推送到最大的精品流量池，推荐给全网用户。

3. 推荐因素

哪些因素会影响 1 篇文章的推荐呢？首先，账号质量在宏观上影响这个账号的文章是否会被推荐；其次，文章质量在微观上影响这篇文章的推荐量；最后，文章的互动情况在实时变动中影响具体文章的推荐。下面从账号质量、文章质量、互动质量 3 个方向总结算法推荐的影响因素。

（1）账号质量

账号定位：定位明确的账号，将更有可能获得推荐。

发文频率：发文频率高且稳定，则能获得相对更多的推荐。

账号等级：等级越高的账号获得的推荐越多，运营者应该按照平台规范，努力提升账号等级。

违规情况：运营者应该遵守平台规则，不要有违规行为。

（2）文章质量

文章分类：文章在撰写以及发布的分类选择上，应该明确且精准。

文题一致：指文章内容应该跟文章标题所描述的内容一致，不能文不对题。算法会根据关键词判定是否文题一致。

文章质量：一方面是文章的基础质量，如是否有错别字、病句，配图是否高清无水印，排版是否美观，基础质量是算法判定的基础要素；另一方面指文章内容的原创度及新颖度，同质化文章会降低推荐，优质独特的原创文章能获得更多推荐。

站外热度：指文章话题的全网热度，一个全网关注度高的话题，能获得更多推荐。

（3）互动质量

点击率：指文章被推荐后获得的点击比例，1 篇文章的点击率高，代表文章质量高，能获得的推荐量就大。

读完率：指文章被用户点击后，阅读完的人次所占的比例。

转评赞：文章的转发、评论、点赞数量，能体现这篇文章的用户参与意愿。高转评赞文章能获得更多推荐。

收藏和关注：文章的收藏数量及账号新增关注的数量，也是判定文章质量高低的因素。收藏量和关注量多，持续获得推荐的可能性就高。

6.3.2 头条号内容推荐技巧

1. 提高账号质量

① 账号定位垂直、清晰；

② 保持稳定且频繁的发文频率；

③ 按照平台规则完成账号升级任务；

④ 规范运营，不发生抄袭等违规、违法行为。

2. 提高文章质量

① 文章符合账号定位，有明确的、正确的归类；

② 保持文题一致，内容与标题相符；

③ 文章标题及正文要多使用实词，少使用虚词，方便算法识别关键词；

④ 文章标题不宜过短，应该包含多个有意义的实词，方便算法识别信息；

⑤ 文章标题要既方便算法识别推荐，又对用户有吸引力；

⑥ 保证文章的基础质量，不出现有错别字、图片不清、排版不规范等基础错误；

⑦ 努力提高文章的内容质量，让文章的话题角度有新意，不撰写同质化内容；

⑧ 多参与全网热门话题的讨论，注意话题角度的独创性；

⑨ 坚持原创，不做搬运工；

⑩ 争取第一时间发布，做全网唯一。

3. 提高互动质量

① 通过标题吸引力及封面配图提高文章的点击率；

② 提高文章内容吸引力，提高文章的读完率；

③ 文章少长段、多配图，提高阅读流畅感，提高文章读完率；

④ 文章不宜过长，可以稍短，提高文章读完率；

⑤ 把涉及答案的核心信息放在文章最后，吸引用户读完，提高读完率；

⑥ 通过提高文章整体质量，提高转评赞、收藏和关注次数；

⑦ 提高文章的话题争议性，激发用户参与讨论，提高评论量；

⑧ 主动发布一些争议评论或经典评论，吸引用户参与讨论，提高评论量；

⑨ 文章发布后，利用自有渠道提高文章转评赞、收藏次数，提高文章互动量；

⑩ 加强与关注者互动，提高关注者积累量和互动黏性。

以上是根据今日头条的算法推荐机制，总结出的内容推荐技巧。从这些技巧中可以看出，算法推荐的原理是保护原创，是为了给用户提供精准、有价值的内容。从根本上来说，运营者不应该把注意力放在应对算法上，而应该放在坚持原创上，坚持为用户创作有价值的内容，同时坚持维护用户、为用户服务。

 ## 本章小结

从新媒体运营的角度来说，能够独立地进行自媒体运营，则基本具备了新媒体定位、运营及传播的能力。本章围绕自媒体运营，讲解了自媒体的行业概念、定位及运营技巧，以及头条号的算法机制。自媒体运营较容易付诸实践，希望读者能够学以致用，从 0 到 1 打造自己的自媒体，通过实际运营让知识掌握得更加巩固。

 ## 练习题

1. 根据自己的兴趣及特长，进行个人的自媒体定位，写 1 份自媒体运营规划方案。

2. 根据自媒体内容运营技巧，写 1 篇自媒体文章，发布到百家号、头条号、公众号及微博，对比分析其在不同平台上的传播效果。

3. 根据头条号算法推荐原理，结合自身定位及当日热门，写 1 篇自媒体文章发布到头条号上，并分析文章传播特点。

第 7 章
短视频运营

学习目标

　　了解短视频基础知识，理解目前短视频的内容生态，掌握抖音平台特点及运营技巧，学会多种常见的短视频剪辑技巧，能够完成短视频的制作和短视频自媒体的运营。

本章重点

　　本章建议重点掌握以下核心内容：首先，了解什么是短视频和短视频的内容特点，理解短视频目前的发展环境和发展现状；其次，掌握抖音平台短视频的运营，能够根据抖音平台特点，掌握抖音短视频的发布和运营技巧，学会多种常见的抖音短视频类型的制作技巧；再次，了解不同的短视频剪辑工具，并掌握手机端和 PC 端的视频剪辑操作，能够完成多种经典视频类型的剪辑制作。最后，要学会短视频的运营及剪辑技巧，掌握短视频自媒体从定位、到内容、再到传播的全流程运营。

7.1 短视频基础知识

7.1.1 短视频发展概述

短视频指在互联网上传播的，时长在 5 分钟以内的视频内容形式。目前较热门的短视频内容时长通常在 1 分钟以内。短视频不仅在新兴的短视频媒体平台传播广泛，在主流互联网社交平台甚至是电商平台上，也已成为一种重要的内容传播形式。短视频已发展为一种新的互联网内容消费趋势。

1. 短视频发展背景

视频一直是互联网重要的内容形式之一，但近几年短视频行业突然爆发，成为内容创业的热门领域，主要源于以下 5 个发展背景。

（1）网络通信行业的发展

随着通信行业的发展、4G 的普及，网络通信速度加快，费用下降，流量已不再是制约人们进行网络内容消费的主要因素。

（2）手机硬件行业的发展

手机硬件行业持续发展，屏幕越来越大，清晰度越来越高，CPU 处理速度越来越快，而手机价格越来越低，视频播放体验越来越佳，消费者更愿意选择视频这种内容消费形式。

（3）互联网软件行业的发展

在硬件行业不断发展的大背景下，互联网软件行业也嗅觉敏锐，各类视频平台，视频拍摄、剪辑工具、视频社区如雨后春笋般相继诞生，为短视频行业的发展提供了充足的工具和平台服务。

（4）自媒体行业的发展

互联网新媒体的发展，催生了自媒体领域一大批有内容创作能力的个人和机构，在短视频成为新的风向标之后，这些自媒体人又转身投入到了短视频的创作洪流中。自媒体行业的先期发展为短视频的发展储备了人才，创造了行业环境。

（5）用户持续增长的需求

人民群众的物质文化需求不断发展变化，用户永远追求更有吸引力的内容形式。在现阶段，短视频比文字、图片、语音等更丰富、更有吸引力，因此短视频成为重要的内容消费形式是时代必然。

2. 短视频特点

短视频成为一种消费者喜爱的内容传播形式，在内容上具有以下特点。

（1）视听化

视频在内容上是文字、语音、图片的综合视听，比单纯的文字、图片要丰富，更受消费者喜爱。

（2）碎片化

短视频的形式特点是短，正符合目前碎片化时代的特点。在碎片化时代，用户并不能够长时间沉浸内容，短视频的产生顺应了时代需求。

（3）社交化

短视频作为一种内容消费形式，更是人与人之间社交的载体。社交化体现在短视频的内容制作和传播中。

（4）娱乐化

短视频作为目前主流的内容消费形式，体现出了娱乐化特点。短视频在短时间内较难对主题进行严肃化、深入化探讨，因此擅长以娱乐化方式对信息进行展示。

（5）优质化

优质化是新媒体的时代特点，内容为王也是传播的基本要求。短视频作为新媒体时代的重要内容传播形式，也应符合优质化特点，只有优质内容才能在分发传播中获得更多流量。

3. 短视频发展现状

在互联网时代，优酷、土豆等综合视频平台是视频行业的主要模式，随着移动互联网的发展，短视频行业开始呈现爆发式、多样化发展。目前短视频行业在用户、市场和产业模式方面，主要呈现以下特点。

（1）用户规模

2019 年，移动短视频综合平台月度活跃用户规模已超过 5 亿人，聚合平台月度活跃用户规模达到 2 亿人，并且用户停留时长和用户黏性与其他行业相比有较大优势。相对于 9 亿多网民来说，短视频行业还有可观的发展空间。

（2）市场热度

2016 年以来，随着视频行业和内容创作行业不断吸引资金涌入，腾讯、百度、头条、阿里纷纷通过并购和独立运营方式进入视频行业。图 7.1 所示是腾讯、头条等公司各自布局的短视频产品。

公司	产品
腾讯	微视、快手、梨视频
头条	西瓜视频、抖音、火山小视频
新浪	秒拍、小咖秀、一直播、波波视频
百度	百度好看视频、秒懂视频
阿里	土豆视频
360	360 快视频、快剪辑

图 7.1 | 腾讯、头条等公司布局的短视频产品

（3）产业模式

短视频行业已形成成熟的内容生产和分发模式，内容生产方、平台方有流畅的对接用户的模式，目前广告和电商是短视频行业的主要盈利方式。

短视频的高速发展是互联网行业发展的必然，短视频成为重要的互联网内容消费形式也是内容进化的必然。因此，新媒体从业者应该了解短视频行业，掌握短视频制作及运营方法，以满足企业对短视频内容创作及传播的需求。

7.1.2　短视频内容生态

随着短视频行业的发展，短视频内容生态逐渐完善，内容类型逐渐固定，平台类型也逐渐清晰，同时形成了成熟的短视频内容生产模式和盈利模式。

1. 内容类型

（1）搞笑

搞笑是主流的内容类型之一。人们在互联网上获取信息进行消遣娱乐，搞笑类短视频在各个平台都有强大的生命力。

（2）资讯

新闻资讯正在改变传统报道的形式，逐渐转化成为以短视频为主的形式。短视频的形式能展示更多、更丰富的信息，让用户更有临场感。

（3）才艺

短视频的发展让才艺展示的门槛降低，类别变得更丰富，让各类有才艺的人都能够通过短视频发声，实现兴趣用户的聚拢。

（4）知识

用视频进行知识讲解与分享，能大大提高学习的趣味性，降低学习的难度。知识分享类视频也是各类短视频平台中重要的内容形式之一。

（5）Vlog

Vlog 是新兴的、用视频记录分享生活的一种生活方式。Vlog 的真实记录性和社交性让短视频平台看到了提升视频黏性的可能，因此成为各大视频平台都积极扶持的一种视频内容形式。

除以上主要的视频内容类型之外，还有萌宠类、旅行类、微记录类等短视频内容类型。随着短视频的深入发展，内容类型也会持续完善和拓展。

2. 平台类型

短视频平台众多，类型也众多，按照不同的属性和特点，主要有以下短视频平台类型。

（1）短视频社交平台

短视频社交平台是新兴的以短视频为内容，以社交为驱动的短视频平台。这类平台的典型代表是抖音、快手和微视。

（2）资讯类平台

资讯类平台的主要功能是提供资讯信息。这类平台的类型代表有西瓜视频、火山视频、梨视频等。

（3）社交类平台

社交类平台是相对短视频社交平台来说的，即传统的社交平台。传统的社交平台随着短视频的发展，也变得更加视频化。社交类平台的代表有微博、微信等。

（4）垂直类平台

垂直类平台指专注某一领域的视频类型平台，如哔哩哔哩、美拍、秒拍等。

（5）综合视频平台

综合视频平台以综合性视频内容为主，包括电视剧、电影、综艺节目等。综合视频平台有腾讯视频、优酷视频、爱奇艺等。

（6）工具类平台

工具类平台是为用户提供工具服务的平台，用户可以进行短视频的拍摄、剪辑等。工具类平台有小影、猫饼、一闪等。

3. 内容生产模式

短视频平台主要有以下4种内容生产模式。

（1）UGC

UGC指用户创作内容，如抖音、微博上的普通用户自发创作并发布的视频内容。UGC是各大短视频社交平台的生命之本，自发的UGC内容足够多，平台才有生命力。

（2）PGC

PGC指专业创作内容，主要由专业机构生产。综合视频网站如腾讯视频、优酷视频等平台的网络电视剧等均属于这一类型。

（3）PUGC

PUGC指专业的个人用户生产内容，即一些高水平用户的UGC内容达到PGC内容水平，平台会扶持这类个人用户生产内容，实现双赢。

（4）MCN

MCN是以组织的方式把个人和团队类型的内容创作者进行聚拢和专业化运营。平台鼓励MCN这种内容创作方式，平台、MCN机构和创作者各司其职，MCN机构负责推广和运营，创作者负责安心创作，各自发挥特长，实现合作共赢。

不管是哪种内容生产模式，平台都是鼓励和支持的。常规来说，平台不参与内容的生产，但会通过流量分发和运营，对内容创作者进行激励，使创作者能够在平台上持续创作内容。

4. 盈利模式

短视频平台主要以互联网广告的形式盈利，内容创作者的盈利方式较丰富，主要有以下4种。

（1）广告营销

广告营销指在视频中植入广告或通过账号直接发布广告等，是创作者依靠自己的视频流量和创意，为广告商进行品牌曝光或以导流为目的发布广告。

（2）平台分成

视频平台为了激励创作者，会给予优质视频创作者以广告分成，此盈利模式与自媒体常规盈利方式类似。

（3）电商导流

视频的内容形式在提高电商转化率上有较大优势，一些视频创作者会给自家店铺或合作品牌导流，以销售产品并实现盈利。

（4）IP变现

通过短视频的持续运营，可以积累关注者打造IP（知识产权），以IP的影响力为锚点，卖周边、做代言、制作微电影等文化产品，实现销售转化。

7.1.3 短视频平台特点

本小节介绍核心的短视频平台，便于我们在运营时进行有侧重地选择。

1. 抖音

抖音在 2019 年成为短视频行业的佼佼者。抖音的初期定位是音乐短视频社区，用户以大学生及一线城市的年轻人为主，抖音凭借字节跳动的信息流算法推荐技术，以 15 秒一个视频的精简方式，在近几年持续发展，用户下载量和活跃度持续走高。

随着抖音的全民普及，抖音的 Slogan 从"让崇拜从这里开始"更换为"记录美好生活"，产品方向调整为全民生活记录，用户群体也从年轻人为主向中老年及青少年辐射，在地域分布上，更是由一线城市向二三线城市普及。

2. 快手

快手是起步较早的短视频行业先行者，凭借优秀的产品理念和运营能力，在前几年一直处于行业领先的地位，成为有独特口碑的短视频产品。

快手的用户群体以三四线城市用户为主，运营理念是去中心化，让每个用户都有自我表达的机会。

3. 微博

微博作为开放式社交平台，在短视频趋势到来时及时在 App 首页等多个位置推广视频功能，并且在运营上大力扶持视频创作者。

微博短视频的特点是重社交、重知名博主、重热点。微博的强社交属性是其他平台所不具备的，因此其在努力运营 Vlog 这种强社交属性的视频形式。同时，微博作为传播及时的资讯平台，其热点传播势能也远优于其他平台，热点事件的视频内容在微博平台传播更加迅速。

4. 微信

微信是目前用户覆盖范围最广，用户黏性最强的封闭式社交产品。用户在微信朋友圈可以发布 10 秒小视频，微信也在 7.0 版本中增加了动态视频功能。但微信的封闭社交属性及普通用户的视频制作能力，导致动态视频质量整体不高，用户使用频率和黏性较弱。与此同时，腾讯在微信之外，还在大力发展微视等短视频平台。

5. 微视

微视是在抖音、快手高速发展的阶段，被腾讯重新启动的短视频产品。腾讯依靠自身强大的流量对微视进行扶持，并采用明星代言、创作者扶持、综艺冠名等方式大力推广。但微视自身的用户黏性和内容原生能力不足，较抖音、快手相比仍有差距。

除以上平台外，曾经红极一时的美拍、秒拍等短视频平台目前已进入第二梯队，在用户争抢方面已落后于抖音、快手。在短视频领域，字节跳动是发展最好的，旗下还有西瓜视频、火山小视频、多闪等视频产品。

7.2 抖音运营

7.2.1 了解抖音

抖音是字节跳动旗下的一款短视频 App。2016 年上线之初，抖音只是专注年轻人的音乐、潮流短视频平台，随着自身发展壮大，抖音的定位转变成了全民生活分享短视频 App。

抖音通过任务挑战和趣味模板，降低了普通用户创作视频的难度，用户可以通过拍摄快慢、视频编辑、特效等技术让视频更具创造性。

1. 内容特点

抖音视频内容具有以下特点。

（1）只限15秒

抖音初期 15 秒的限制一方面降低了视频拍摄者的难度，另一方面提高了用户的观看效率。对于高级用户，能获取发布 1 分钟视频甚至更长视频的权限。

（2）高娱乐化

不管是海草舞等模仿类内容，还是知识分享类内容，抖音整体偏向娱乐化。娱乐化是一种内容属性，有娱乐感的内容在平台更容易获得关注。

（3）节奏感强

抖音丰富的配乐，为短视频创作提供了音乐素材，同时强节奏感也是抖音的整体特色。

（4）内容紧凑

抖音视频的特点是短、快、内容丰富、紧凑。这是由抖音的时长限制和滑动切换的观看方式决定的。

（5）类型丰富

抖音从音乐歌舞短视频发展成全民生活分享短视频，在内容类型上已十分丰富。

2. 展现机制

抖音采用全屏展示、上划切换、永远有下一个的方式展示内容，使观看视频的效率和沉浸感更强。目前抖音主要有两种内容展现机制。

（1）平台算法推荐

抖音首页基本都是平台算法推荐的视频。算法会对视频内容、用户属性、观看环境进行综合加权，把最匹配的内容展现给用户。

（2）社交关系推荐

除了算法之外，抖音还注重社交。抖音根据用户的社交关系，会推荐与用户有相关性的视频，这些视频通常是用户的好友或潜在好友创作的。

需要注意的是，虽然抖音也注重社交关系，但从事实上来说，抖音只是一个视频资讯类平台，并不是一个社交平台。抖音的魅力是精选全网高质量视频内容，再按兴趣分发给全网用户，因此抖音重内容、轻社交。

3. 商业化

抖音作为一款高流量产品，其自身有明确的商业化模式，同时平台也在逐渐完善商业化功能。目前抖音的商业化主要有 4 个方向。

（1）信息流广告

信息流广告是抖音的主要盈利模式，是针对企业用户的广告产品。用户在浏览抖音视频时，总会看到一些广告视频，这些视频就是抖音的信息流广告。信息流广告是目前互联网产品的主要盈利方式之一。

（2）DOU+

DOU+是抖音为用户推广视频而提供的一种功能。用户给抖音付费，抖音则通过 DOU+

把用户的视频展现给更多受众。因针对个人用户，DOU+的推广方式较简单，用户只须根据花费金额设置投放，抖音便会通过算法把该视频推荐给相关受众。

（3）商品橱窗

商品橱窗是抖音为用户提供的电商转化功能。当用户的关注者达到一定量级后，就能获得商品橱窗功能，商品橱窗入口显示在个人主页。用户可以在商品橱窗中添加商品并通过展示实现销售盈利。

（4）视频商品

视频商品也是抖音为用户提供的电商转化功能。视频商品在用户观看抖音视频时弹出，用户如果感兴趣，可以点击购买。获得视频商品功能同样对账号关注者有一定的要求，账号关注者达标后才会获取该功能。运营者发布视频时如果添加商品，则可以在用户观看视频时展示商品。

7.2.2　抖音推荐机制

抖音作为头条系产品，与今日头条的算法推荐机制类似。本小节将站在抖音的视角，对推荐机制做针对性讲解。

1. 文字识别

在发布视频时，用户可以添加文字来描述视频。抖音能够对这些文字进行识别，进而判定视频的内容、话题、定位、甚至配乐，并根据判定把视频推荐给对应的用户。因此在发布视频时，要对文字形式描述的内容、话题、定位、配乐进行慎重选择。

2. 视频识别

算法本身并不能读懂视频内容，但算法能识别视频的完播率和复播率，并根据视频的播放情况来判定视频的质量。

3. 互动识别

互动情况是视频质量判定的核心指标，转评赞高、关注多的视频会被判定为质量高，进而会获得更多推荐。

4. 违规识别

如果视频存在恶意广告、违法信息，或账号本身有"买关注者"、刷数据等违规行为，那么该账号会被系统标记为违规。有违规行为的账号在后期运营中会被降权推荐或不推荐。因此运营者要注意规范化运营，不要有违规或违法行为。

7.2.3　抖音自媒体打造技巧

抖音自媒体打造包含两部分内容：一是如何打造自媒体，二是如何根据抖音推荐机制进行运营。本小节将从规划视角讲解如何从 0 到 1 打造抖音自媒体。

1. 内容定位

抖音平台的内容丰富，各个领域都有影响力账号，运营者可以根据自己的兴趣进行选择。在抖音的内容定位上，第一要求是垂直，即必须专注某一领域。图 7.2 所示是作者的抖音自媒体"较瘦新媒体"，内容专注于新媒体领域，从名字就能看出定位的垂直性。

图 7.2 | "较瘦新媒体"的抖音界面

定位垂直的一个原因是为了获得平台推荐,但核心不是为了推荐,而是为了关注者数量增长。

要想实现抖音关注者数量的持续增长,必须定位垂直。垂直化定位是抖音可持续运营的基本要求。

2. 视频创作

为了更好地运营抖音,在创作视频时需要遵循一些技巧,以更符合抖音特质和推荐机制。在创作抖音视频时,有以下 4 种技巧。

(1)时长要短

抖音之前的视频时长限制是 15 秒,后来开放了 1 分钟的视频权限,其实 15 秒已经足够。建议新手运营者把视频的长度控制在 15 秒以内,在表达主题的基础上,视频越短、越精炼越好。

在运营后期,哪怕可以发布 1 分钟时长的视频,也不要轻易把视频做得过长,而是要能短则短。视频一旦过长,首先容易结构不紧凑,影响内容质量;其次完播率比例会下降,不利于推荐。

15 秒不是绝对限制,当能创作出长的高质量内容时,也可以发布 1 分钟甚至更长的视频。

(2)开头有趣

抖音视频开头的 3 秒至关重要。当用户浏览到一个视频时,并不知道视频的内容,他会通过继续观看的方式确定视频的内容，以判断自己感不感兴趣。创作者需要用视频的前3秒吸引住用户的注意力，让用户看下去。

在制作视频时，可以通过疑问、提问、夸张、一句话概括要点等方式提升视频开头的吸引力，让用户有看下去的欲望。

（3）结尾有料

视频的结尾同样重要，结尾好不好决定着用户是否能看完，是否会点赞。在视频的设计上，要提升结尾的质量，通过把答案放在最后、埋彩蛋等方式提升用户在视频结尾的获得感，从而提高视频的完播率和互动率。

（4）有节奏感

抖音最初是音乐社区，因此有强烈的音乐风格。在抖音视频的制作上，可以选择节奏感强、与内容符合的热门音乐当配乐，也可以使用跳剪、加速播放、音乐踩点等方式提升视频节奏感。

图 7.3 所示是"较瘦新媒体"的抖音视频截图，其不仅进行了加速播放处理，还在字幕设置上只展示关键信息，让视频更有节奏感。

图 7.3 | "较瘦新媒体"的抖音视频截图

3. 视频发布

在发布视频时，需要设置好视频描述等相关信息，让视频更利于获得平台推荐。

（1）视频描述

视频描述是视频发布时的文字描述，建议多使用实词、名词和能表达视频主题的文字，方便平台获取视频内容信息，把视频推荐给精准的受众。

如图 7.4 所示，该视频的描述中包含新媒体、文案等关键词，方便平台根据关键词判断出视频内容，做出精准推荐。

图 7.4 | 视频描述举例

（2）视频话题

在发布视频时添加精准话题，不但可以使视频获得精准推荐，而且有利于关注该话题的人主动查找到该视频，进而提高曝光量。

一个视频可以添加多个有相关性的话题，如图 7.5 所示，"较瘦新媒体"的该条视频添加了新媒体、自媒体、营销等多个精准话题。

图 7.5 | 视频话题举例

可以选择热门话题，但不要为了流量而盲目添加不相关的热门话题。如果视频内容跟热门话题有关，可以添加该话题；如果视频内容与热门话题无关，虽然有机会获得一定的展现量，但因为内容不相关，视频的互动量不会高，同样不能获得持续推荐。

（3）视频位置

发布视频时，也可以添加视频的位置，这样有利于进行基于位置的推荐，如果视频位置周边的用户也是该视频的精准受众，则有利于提高视频的互动量。

（4）视频音乐

热门音乐是一把双刃剑。视频配乐可以选择热门音乐，这样容易激发用户的熟悉感，有利于用户观看视频；但热门音乐又容易造成审美疲劳，引起用户反感。建议根据视频内容选择匹配度高的热门音乐，让音乐为视频服务。

视频音乐是一种属性和风向标，代表不同的内容方向和用户群体。在选择配乐时可以根据受众群体特征，选择他们喜欢的音乐类型，进而根据音乐去摸索平台的推荐方向。

4．视频传播

在视频发布后还需要对视频进行传播。传播视频的主要目标是提高视频的播放量、完播率、转评赞数量等，使视频具有一定热度，争取获得更多推荐。

首先，在自己的传播渠道，如朋友圈、微信群等渠道对新发布的视频进行传播，号召自有资源去观看、转评赞，为视频提供初级传播动力。

其次，通过在视频中加以引导的方式，引导用户对视频进行转评赞。如通过提问的方式，让用户在评论中说出自己的观点；或者把答案放在评论中，让用户点开评论查看，目的都是吸引用户评论。

5．用户互动

进行用户互动的核心目的是经营关注者。经营关注者有 3 大好处：一是能提高关注者黏性，有黏性的关注者才是真关注者，才有价值；二是能提高推荐量，对关注者的评论、留言等进行回复，则会提升视频的互动量，互动量又能带来推荐量；三是关注者能带来传播，与关注者互动，加深与关注者的连接，能使关注者成为内容的持续传播者，给账号带来持续的流量。

进行用户互动的方式主要有 4 种。

（1）信息回复

信息回复指对视频的评论、私信等内容进行回复处理。如果精力足够，可以持续性地、尽可能多地进行信息回复，这样能慢慢培养出"铁杆关注者"。如图 7.6 所示，"较瘦新媒体"这个账号对关注者的留言进行了有针对性的回复。

（2）评论引导

主动对视频进行评论留言，引导用户进行话题讨论，一方面能够提升视频的互动量，另一方面能在互动中加深交流，培养关注者。

（3）视频引导

在视频中进行互动引导，如在视频的结尾让用户留言说出自己的观点，或者通过留言的方式给用户送出礼物等。视频引导与评论引导相比，能大大提高看到引导信息的人数。

图 7.6 | 信息回复示例

（4）核心回访

核心回访指主动进入"铁杆关注者"或影响力较大的用户的主页进行点赞、评论等操作，能大大提升对方对你的好感，更容易稳固"铁杆关注者"或建立传播关系。

6. 规范运营

在运营时应符合平台运营规范，不要有违规行为。如果有违规行为，账号在系统中会被标注，后期将不会获得推荐，也就失去了运营价值。规范运营要做到四不要。

（1）不要刷关注者数量

不管是在账号运营初期，还是在关注者有了一定积累之后，都不要刷关注者数量。抖音平台严厉打击数据造假行为，被系统识别后账号会降权。

（2）不要刷转评赞

刷转评赞不但会影响平台对视频质量的判断，还会影响系统的正常推荐。数据造假是严重破坏平台规则的行为，抖音是持续严厉打击的，也一直在优化防作弊机制。

（3）不要搬运抄袭

平台对搬运抄袭有识别机制，识别后不仅抄袭不可持续，而且影响账号的质量等级。自媒体运营，坚持原创是唯一的可持续发展之路。

（4）不要违规违法

除了不能有数据作假和抄袭之外，还不能有其他违规违法行为。建议运营之前，先学习抖音社区规则，按照平台规则进行运营，才能保证运营的底线。

7．持续深耕

除了运营技巧和运营方法之外，还要做到持续深耕。持续深耕是运营的必要条件，主要有 3 个原因。

（1）提升账号质量

持续化运营能够提升抖音账号的质量，质量越高，获得平台推荐的可能性越大。持续化运营是获得平台推荐的因素之一。

（2）量变引起质变

在持续的深耕中，视频的内容质量会越来越优秀，运营方法也会越来越成熟，这些量的积累最终实现的是质的提升。从根本上来说，高质量内容才能获得成功，因此持续深耕是引发质变的必由之路。

（3）偶然性

在自媒体时代，每个人都有成名的可能，这种可能是一种偶然。抖音平台的偶然一方面是由算法决定的，另一方面是由社会化的传播特性决定的。在持续的深耕中，与这种偶然相遇的概率会加大。

比如作者的抖音账号，从注册开始，坚持更新了 18 天，第 1 周的推荐量和互动量平平淡淡。第 13 天则获得了 15 万的推荐量，获得 6000 多个赞。之后第 14 天，数据继续平淡。但第 15 天的视频一夜之间获得了几十万的推荐量，点赞量过万，评论量过千，并且持续四五天都有推荐，最终视频获得了 67.8 万次播放、2.1 万个赞、1399 条评论，新增了 1 万多关注者。图 7.7 所示是该条视频的数据展示。

图 7.7 | 视频数据展示

这就是偶然性。但这种偶然是通过之前十几天的积累带来的。所以，要坚信持续化的运营终究会获得回报。

7.2.4 企业抖音运营技巧

抖音以其强大的覆盖能力和传播能力，让企业看到了通过抖音进行品牌营销的可能性。小米、华为等知名品牌都在抖音开通了企业账号，通过官方运营向用户传递品牌信息。

企业抖音与抖音自媒体的基本运营方法相同，但因为企业的营销目的不同，在具体运营方法上又有所区别。本小节将针对企业特色，对企业抖音运营的不同点进行讲解。

1. 企业"蓝V"的专属权益

企业运营抖音，应该先进行企业"蓝V"认证，以拥有多种专属权益。比如认证后有"蓝V"标识能显示官方身份；可以自定义主页头图，方便用户访问时展示品牌形象。以下是一些核心的企业抖音"蓝V"权益。

（1）视频置顶

企业"蓝V"可以置顶高曝光量视频或精选视频，方便用户访问时重点查看，实现对视频再次进行展示推广。

（2）跳转链接

企业"蓝V"可以把官网等外部链接放在个人主页，能为企业品牌或产品提供更多展示和导流机会。

（3）搜索排名靠前

进行"蓝V"认证后，用户在抖音内搜索相关昵称，"蓝V"账号会得到优先展示，方便企业与用户进行连接。

（4）购物车功能

企业"蓝V"账号还拥有购物车功能，可以实现产品销售。

企业账号拥有专属权益后，将能更好地展示内容、接触用户，更便捷地进行企业营销，可以在抖音实现从品牌到用户、再到销售的全营销流程的打通。

2. 企业抖音类型

短视频的特性决定了不同类型企业在抖音的发展状况不同，适合使用视频展示形象和产品的企业，在抖音发展较好。目前抖音主要有以下6种企业类型。

（1）政务媒体类

政务类媒体利用抖音，可以更好地接触年轻用户群体，宣传官方政策，弘扬正能量。

图7.8所示是"四平警事"的抖音主页截图。作为四平市公安局的官方抖音账号，该账号凭借接地气的语言和讲段子式的普法宣传方式，赢得了网民的好评，目前获得了超7000万个赞和1300万关注者。

（2）餐饮美食类

美食本身就是抖音平台的热门内容，美食创意、美食探店类视频时常会成为抖音热门。餐饮类企业凭借与用户相关的生活化内容，更容易在抖音获得关注。

图7.9所示是海底捞的抖音话题截图，目前抖音上有关海底捞的话题已超过25亿次播放，且主要是用户自发的创作。

图 7.8 ｜ "四平警事" 的抖音主页截图　　　图 7.9 ｜ 海底捞抖音话题截图

（3）舞蹈健身类

舞蹈健身类内容是由专业人员完成的高难度、有创意的动作展示，因此是抖音的热门大类。一些舞蹈机构、健身机构通过发布有视觉享受和内容挑战的视频，在抖音获得了不错的关注。

图 7.10 所示是一家瑜伽机构的抖音视频截图，该视频获得了超过 180 万个赞、17 万条转发，为账号带来了可观的关注者和潜在的用户。舞蹈健身类企业可以通过定位、商品橱窗、认证信息、昵称等方式实现企业品牌的宣传和营销转化。

图 7.10 ｜ 某瑜伽机构的抖音视频截图

（4）教育培训类

教育培训类企业凭借天然的内容优势和讲师优势，通过自己的老师出镜讲解知识的方式，能较快速实现关注者积累，实现品牌传播，是用户喜爱的内容类型。少儿类、英语类、成人教育类机构是抖音教育培训类账号的主流。

教育培训类企业在抖音上实现的营销目的主要有品牌曝光、周边产品销售、课程销售、导流免费用户等。如图 7.11 所示,"鲸鱼说英语"这个账号通过高点赞量使视频获得高曝光,之后通过视频展示商品的形式销售书籍《从零开始学英语》。

图 7.11 | "鲸鱼说英语"通过视频销售书籍

(5)快消品类

快消品类企业通过生活场景创意复现的方式,把自身产品融入剧情之中,更容易激起用户共鸣,获得高点赞量,实现企业品牌的传播。

例如,小米手机通过分享手机拍照技巧的创意,突出小米手机的摄影特色;卫龙食品通过上课偷吃辣条的情景再现,勾起用户的童年回忆。图 7.12 所示是卫龙辣条的抖音主页,目前卫龙辣条已在抖音平台获得了近 500 万个赞,拥有近 50 万关注者。

图 7.12 | 卫龙辣条的抖音主页

（6）美妆时尚类

抖音平台用户以一线城市年轻群体为主，时尚是用户的共同特质，因此美妆、时尚类品牌在抖音平台拥有气质相符的广泛用户基础，在内容传播上更易获得用户共鸣和支持。

例如，寺库倡导的时尚潮流生活方式，与抖音用户追求时尚潮流的气质相符，其发起的一些官方话题活动，就更容易获得平台用户的积极参与。图7.13所示是寺库的抖音主页，有"库客穿什么"等多个话题挑战。

图 7.13 | 寺库抖音主页截图

以上6大类型是抖音平台主要的企业营销类型。除此之外，在互联网类、生活用品类等类型中，也有运营不错的企业案例。可以发现，抖音平台的企业营销大类有一个共同特点——离用户的生活较近，较容易让用户有参与感，用户更容易产生共鸣，也更能获得广泛的关注和传播。

企业在进行抖音运营时，需要思考自己的品牌和产品与用户的距离，是否离用户足够近，是否能以近的方式去接触用户，是否能让用户产生广泛的共鸣。如果在进行企业内容定位时，能找到与用户连接的途径，则企业抖音的运营会更有可能成功。

3. 企业抖音运营技巧

抖音平台的内容靠算法获得推荐，而算法的核心是用户互动，因此要打造用户喜欢的内容。那么用户更青睐什么样的内容呢？根据抖音内容传播规律及成功案例特征，归纳出以下6点运营技巧。

（1）人格化

企业品牌人格化是新媒体传播的核心技巧，在抖音的运营上，同样需要遵循此技巧。以人格化的形象与用户沟通，能加强沟通感和临场感，让用户有互动和参与的欲望。

抖音平台的人格化运营，既可以是对企业品牌进行人格化，又可以是以企业专家、运营小编的身份进行人格化。如教育类企业适合以老师的身份进行人格化运营，科技类企业适合以小编的身份出镜与用户对话。

比如，开言英语的抖音内容，主要是以一个外教老师的身份与用户进行沟通。图7.14所示是开言英语置顶的高点赞量视频，视频内容就是外教老师面对镜头与用户对话。

图7.14 | 开言英语首页截图

（2）热门话题

热门话题不管是在用户关注度上，还是在平台的流量倾斜上，都更容易获得传播。企业抖音也可以趁热点之势，创作热门内容，获得高曝光。

企业在进行热门话题创作时，需要重视热门话题和自身品牌的结合和创作，这也是热门话题内容创作的重点与难点。

小米手机是热点创意的典范。小米经常根据抖音官方的热门话题去进行内容的结合与创意，并且把小米手机的卖点融入其中。如图7.15所示，小米手机发布了"你笑起来有彩虹"的热门话题内容，展示了小米手机漆面反光炫彩的特性。

图7.15 | 小米手机发布的热门话题视频

（3）达人联合

达人联合指企业发布原创话题时，可以通过与抖音"网红"或达人合作的方式，扩大话题的声量和热度，提升话题的号召力。

　　不管是"海草舞"还是"网红熊"，一旦一个话题火了，全网用户都会开始模仿和参与。因此企业可以发布专属原创话题，再联合达人造势，这样会提高用户参与的积极性。图7.16是王老吉发布的话题"开启美好吉祥年"，联合了诸多"网红"、达人，使该话题的总播放量超过了63亿次。

图 7.16 | 王老吉发布的话题"开启美好吉祥年"

　　（4）生活场景

　　生活场景是内容创作的方向，企业抖音的内容也应注重生活化、场景化。生活化、场景化的内容对用户来说更有日常的代入感，更容易获得用户青睐。

　　比如支付宝就经常把自己的支付、购物等宣传点结合日常生活场景进行创作。图7.17所示是支付宝做活动的相关视频截图，支付宝把看电影这种日常生活场景与自己的活动创意相结合，让用户更有共鸣。

图 7.17 | 支付宝做活动相关视频截图

（5）感官体验

感官体验类内容会充分发挥视频的内容特性来吸引用户，通过视频刺激用户的视觉、听觉，从而使用户给视频内容点赞，适合歌舞类、运动健身类、萌宠类、服装类、教育类、旅游类等企业类型。由动物、可爱的小朋友出镜对用户进行视觉刺激，再通过专业配音、配乐对用户进行听觉刺激，加上故事创作，能给用户带来良好的感官体验。

比如舞蹈机构可以经常发布排练及演出花絮视频，只须日常拍摄采集，即可完成视频素材的积累，内容制作较容易。舞蹈本身可以给用户美好视觉及听觉体验，故其发布后较容易获得用户的青睐。图 7.18 所示是成都某舞蹈机构的抖音视频，其只是日常学员的练舞视频，但因感官体验好，故也获得了高点赞量。

图 7.18 | 成都某舞蹈机构的抖音视频截图

（6）知识分享

知识分享类内容是抖音内容的热门大类，因为知识分享对用户来说有学习收获。科技产品、生活用品相关企业，都可以通过知识分享进行抖音内容创作，既有源源不断的创意来源，又容易获得用户喜爱。

挖掘自身产品的价值，并以知识、使用技巧的方式传递给用户，是企业抖音创作的技巧之一。图 7.19 所示是丁香医生的抖音主页截图，丁香医生通过分享医学健康知识，在抖音平台已获得超 2000 万个赞。

通过以上内容的介绍可以发现，不管是企业抖音运营，还是抖音自媒体运营，在核心方法上都是相通的，都需要遵循平台特点，围绕用户进行优质内容创作。不同点是，企业抖音在做好内容的同时，还需要考虑企业品牌的植入与传播。因此，将企业传播需求融入内容创作之中，再结合抖音自媒体的运营技巧，可以拓展抖音运营的整体思路。

图 7.19 | 丁香医生的抖音主页截图

 ## 7.3　短视频剪辑

　　一段短视频的内容制作，包含策划、拍摄、后期 3 项工作。策划是确定主题和创意，写好文案和脚本，甚至需要提前构思好镜头；拍摄则需要解决演员、摄影、录音、打光等问题，要有较强的摄影、摄像及执行能力；后期需要进行剪辑及特效制作，但特效只是小众需求。

　　策划、拍摄与剪辑 3 项工作中，最基础的是剪辑，一旦掌握了剪辑技巧，就可以完成一系列有创意的短视频制作。随着短视频行业的发展，视频剪辑也成为了新媒体人的必备技能之一，因此本节将以短视频剪辑为主题，进行短视频的内容制作讲解。

▎7.3.1　短视频剪辑工具

　　随着短视频行业的火热发展，短视频剪辑工具也有了众多的选择。在手机端出现了一些功能完备的视频剪辑工具，降低了视频剪辑的门槛，同时提高了视频剪辑效率。本小节将分别介绍手机视频剪辑工具、PC 端简易视频剪辑工具和专业视频剪辑工具。

1．手机视频剪辑工具

（1）一闪

　　一闪是简单好用的手机短视频剪辑工具与分享社区，同时还能拍摄、制作照片和动图。一闪有快速上手、高效剪辑的特点，能对视频进行快捷的分割、变速、添加字幕等处理。图 7.20 所示是一闪的视频剪辑界面截图，能体现出简约的产品特点。

图 7.20 | 一闪的视频剪辑界面截图

（2）猫饼

猫饼是腾讯旗下的视频制作及分享平台，能对视频进行快剪和跳剪处理，同时拥有滤镜、音乐、字幕、特效、画面调整、录音等多项功能。与其他手机视频剪辑工具相比，猫饼拥有丰富的字幕模板，特别偏重 Vlog 字幕类型。

图 7.21 所示是猫饼的添加字幕界面的截图，可以看出有经典、趣味、智能、标题 4 大类多种字幕效果供选择。

（3）Inshot

Inshot 是一款专注视频剪辑的 App，操作简易、功能丰富，但免费版经常弹出广告，用户也可以付费购买 Pro 版，除能消除广告外，还将获得过场动画、特效等多种功能。

免费版 Inshot 除具备常规视频剪辑功能外，还有画布、贴纸、倒放、翻转、插入照片等多种特色功能。如图 7.22 所示，Inshot 能方便地为视频添加字幕，还可对字幕出现时间进行可视化调整。

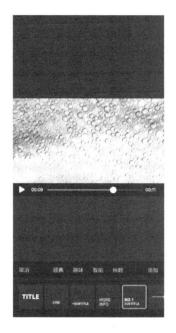

图 7.21｜猫饼的添加字幕界面截图　　　图 7.22｜用 Inshot 为视频添加字幕

（4）Vue

　　Vue 是备受年轻用户群体喜爱的视频剪辑工具及分享社区，拥有广泛的用户基础。最初 Vue 只具备基本的视频剪辑功能，但随着不断升级，Vue 具备了剪辑、转场、变焦、变速等多种功能。

　　在整个产品方向上，Vue 比较偏重 Vlog 的制作与分享。如图 7.23 所示，Vue 的操作界面较直观，视频剪辑主要分为 3 个区域，可通过左右滑动选择功能对视频进行处理。

图 7.23｜Vue 的视频剪辑界面

除以上工具外，手机端还有小影、快影、巧影、quik、美册等多种视频剪辑工具。这些剪辑工具各有特色，比如巧影偏专业，有视频分层、音频分轨、色度键等专业视频处理功能；美册偏模板，提供了十几种较热门的网络视频类型供用户选择。各种工具在基础功能上大同小异，但又各具特色，用户可以根据自己的喜好和制作需求，选择一两款加以使用。

建议新用户多下载尝试，先熟练使用简易的应用；当剪辑能力提升后再使用功能复杂的应用。与新媒体工作相关的短视频创作，一般剪辑难度并不大，运营者只要具备基本的剪辑能力即可。

2. PC 端简易视频剪辑工具

一些工作场景中的视频剪辑工作量较大，使用手机剪辑效率较低，此时就应该选择 PC 端工具进行视频剪辑，以提升工作效率。

（1）快剪辑

快剪辑是国产的视频剪辑工具，软件界面及操作较符合大众使用习惯。快剪辑具有视频录制、视频合成、视频截取等功能，同时支持添加视频字幕、音乐、特效、贴纸等功能。对于新手来说，可以在初次接触 PC 端剪辑工具时选择快剪辑。

快剪辑支持对视频进行画面分割、混剪、音频调解等处理，并且有音乐、特效、贴纸等多种模板供选择。如图 7.24 所示，快剪辑能够进行精确到帧的画面剪辑，方便对视频精剪。

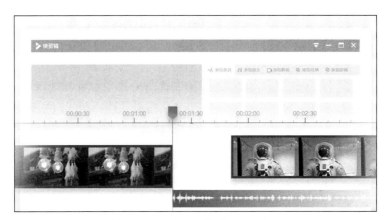

图 7.24 | 快剪辑的视频剪辑界面

（2）Camtasia Studio

Camtasia Studio 是 TechSmith 旗下的一款屏幕录制及视频处理工具，在功能上偏重录屏和视频剪辑，操作较简单。Camtasia Studio 能够便捷地按时间线剪辑，并拥有丰富的转场效果，同时有录屏、添加字幕、调整画面、素材模板等功能。

如图 7.25 所示，Camtasia Studio 提供有丰富的标签模板，适合进行知识讲解的录屏及后期视频的制作。

（3）Final Cut Pro

Final Cut Pro 是苹果公司开发的视频处理工具，须在 Mac OS 系统下运行。作为专业级的视频剪辑工具，Final Cut Pro 基本包含了视频剪辑的所有功能，其操作界面友好，新手也能快速上手。

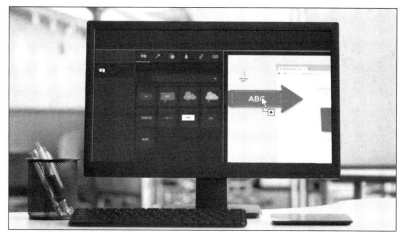

图 7.25 | Camtasia Studio 的标签模板界面

3. 专业视频剪辑工具

若要进行专业级的视频剪辑，则需要两款软件：Adobe Premiere（PR）和 Adobe After Effects（AE）。

（1）PR

PR 是 Adobe 公司推出的专业视频剪辑处理工具，在广告制作和电视节目制作中应用广泛。PR 提供了采集、剪辑、调色、美化音频、字幕添加、输出等一整套工作流程，是专业视频工作者必备的视频处理工具。

（2）AE

AE 是 Adobe 公司推出的图形视频处理工具，适用于进行图形设计和视频特技制作，是动画制作、电视电影特效制作的后期必备工具。AE 与 PR 相比，PR 偏重剪辑，AE 偏重特效，两款软件在视频制作后期可配合使用。

7.3.2 短视频剪辑技巧

一些常见的短视频不管是在内容形式上还是在视频创意上，都有一些共同的特色，比如搞笑类短视频常有加速和变声，音乐类短视频通常节奏感强烈、画面切换有动感。本小节总结 9 种常见的短视频创意形式，并讲解其剪辑技巧。

1. Vlog

一段 Vlog 通常包含以下内容：封面主题、字幕、配乐、片尾。完成以上内容，基本就是一段完整的 Vlog 作品了，接下来可以使用猫饼、一闪、Vue 等来剪辑 Vlog。使用猫饼进行剪辑的步骤如下。

（1）先对视频进行分割，裁剪掉不需要的内容，留下需要的素材。如图 7.26 所示，选中视频，单击"切割"即可剪开视频，然后删除掉不需要的部分。

（2）完成视频剪辑后，可以为视频添加音乐。如图 7.27 所示，猫饼提供了多种风格的音乐可以被选作背景音乐。在添加背景音乐后，可以调整视频原音和背景音的音量高低。此外还可以从本地或 iTunes 中添加自己的音乐上传使用。

图 7.26 | 对视频进行切割

图 7.27 | 为视频添加音乐

（3）为视频添加封面标题。猫饼提供了标题字幕，可以直接选择 Vlog 标题风格的字幕进行添加。如图 7.28 所示，选择字幕中的标题字幕类型，找到合适的字幕风格，然后输入文字即可添加成功。另外，字幕出现时机和持续时长都可在编辑过程中进行调整。

图 7.28 | 为视频添加封面标题

（4）为视频添加片尾。猫饼提供了片尾模板，在编辑区单击"添加"→"过场字幕"，选择 film 风格的模板即可把过场字幕作为片尾。图 7.29 所示是过场字幕的片尾显示效果。

图 7.29 | 为视频添加片尾

（5）完成剪辑后，单击猫饼右上角"下一步"，即可进入完成页的设置。在这里可以添加视频标题，同时可以选择视频封面。如图 7.30 所示，左右拖动视频，可把视频中的任一帧选为封面。

图 7.30 | 设置视频封面

（6）生成视频。完成设置后，单击右上角"发布"，即可生成视频。视频会默认保存到相册，可以从相册选中并将其发布到短视频平台。

2. papi 酱效果

从剪辑上来说，papi 酱效果的视频风格主要使用了 3 种技巧：加速、跳剪、变声。

加速是加快视频的播放速度，跳剪是剪掉视频中的非核心内容，比如呼吸的停顿、重复性的漫长过程。通过加速和跳剪，能让视频加快节奏、内容紧凑，同时还能产生幽默感。

变声有两种方式：一是可以通过加速让声音自动变得语速快且声音尖锐，二是可以通过变声器把声音调整成各种风格。

猫饼、一闪、Inshot、Vue 等手机视频剪辑工具都具备变速剪辑的功能，可以进行各种速度的设置，并通过加速实现变声。跳剪是把一段视频分割成多段，删除不重要的内容，把其他部分连起来即可实现跳跃式播放的效果。

如图 7.31 所示，用猫饼选中视频，进入编辑前下方会出现跳剪功能，单击跳剪，即可对视频进行跳剪剪辑，进而可以提高剪辑效率。

图 7.31 | 猫饼的跳剪功能界面

3. 鬼畜效果

鬼畜效果其实是一个瞬间的多次重复，比如把一段 1 秒的视频重复播放 3～5 次。鬼畜效果是在剪辑时，先剪出视频素材后再复制多个，连起来播放实现的。

在剪辑工具中选择要循环的瞬间片段，分割后进行复制可制作循环效果。选择视频中需要进行循环处理的瞬间，分割后并多次复制该片段，如图 7.32 所示。

图 7.32 | 猫饼的循环效果设置界面

4. 延时效果

快速流动的云、旋转的星空、车水马龙的城市等效果都是使用延时的拍摄技巧实现的。摄影延时是将多张照片连起来播放实现的，视频延时则是通过加速播放或将多个视频片段连起来播放实现的。

延时效果通常有固定镜头和移动镜头两种效果。当被拍摄对象会移动时，则可以用固定镜头拍摄，比如拍摄车水马龙的街道，因为车会动，所以固定相机可以实现相应效果。

图 7.33 所示是北京中关村的四环夜景，使用相机固定拍摄 2 分钟，剪辑时再使用加速效果，10 秒播放 2 分钟的内容，即出现了漂亮的车水马龙的夜景。

图 7.33 | 利用固定镜头实现延时效果

iPhone 手机自带延时拍摄功能，可直接拍摄。猫饼、一闪等手机 App 的加速则有上限，有时不够快，效果不够好，此时可以使用 PC 端软件进行剪辑。

当被拍摄对象不会移动，而又想实现延时效果时，就需要使用移动镜头进行拍摄。移动镜头的使用有技巧，比如可以把相机固定在急驶的车上或行驶中的地铁的玻璃窗上来拍摄窗外的风景。相对风景来说，镜头是移动的。此时实现的延时效果就像坐在时光机上一样快速穿梭。

5. 定格动画

定格动画是逐格拍摄画面，然后连续播放，能实现静止的对象会移动的效果。比如木偶玩具会行走，文字会自动书写，苹果会一口一口被吃掉，杯子里的水会自动消失等，只要有创意，使用定格动画能拍出各种神奇的画面。

定格动画既可以通过拍照实现，也可以通过录制视频实现。比如拍摄会行走的木偶，是在每次挪动木偶后拍一张，然后将照片连起来播放，就出现了木偶的行走效果。而录制视频时可以把挪动木偶的整个过程全部拍下来，然后把中间挪动木偶的部分剪掉，只留下木偶移动的多个瞬间，连续播放就实现了行走效果。

定格动画在时间轴上的视频剪辑效果如图 7.34 所示，呈现出等分的规律性。

图 7.34｜将视频剪辑成定格动画

6. 魔术效果

魔术效果指通过剪辑实现一些变魔术的效果。魔术效果的制作关键是看不出剪辑痕迹。想要看不出剪辑的痕迹，需要在拍摄时保持镜头稳定，动作配合默契，同时在后期进行精剪，实现前后动作的连贯。

比如制作从屏幕取 iPhone 的魔术效果。首先需要有一台 iPhone，并且要与屏幕中的 iPhone 照片在造型、角度、大小上完全一致。然后固定相机拍摄取 iPhone 的整个过程：手逐渐伸向屏幕，在将要拿到 iPhone 的那一刻保持不动，助理把真的 iPhone 递到手中，此时的关键是需要真 iPhone 与画面中的 iPhone 完全重合，实现握住屏幕中 iPhone 的效果。最后手握着 iPhone 慢慢拿开，完成拍摄。

剪辑时，只需要把中间递 iPhone 的过程剪掉，让视频连贯地播放手伸向屏幕并取出 iPhone 的过程，就实现了屏幕取 iPhone。剪辑的关键是把手伸向屏幕开始静止的那一刻与拿到 iPhone 慢慢挪开前的两个瞬间进行完美匹配，实现了看不出剪辑痕迹的效果，魔术效果也就逼真了。

7. 节奏快闪

快闪视频效果是短视频的一种常见风格，通常音乐节奏感强烈，画面切换迅速，画面的切换与音乐的节奏同步，又被称为音乐踩点视频。

剪辑快闪视频的关键是先选择 1 首有节奏的音乐，然后根据音轨的高低对多段视频素材进行剪辑。注意：一定是在每 1 个音轨的高处对视频进行分割，并且分割处前后的两段视频须是不同的内容。

音轨及视频切换的视觉效果如图 7.35 所示，此视频是使用猫饼的音乐踩点功能直接进行剪辑的，播放时的效果就是根据音乐节奏进行画面的切换。如果音乐节奏强烈，画面内容丰富，就会出现踩着节奏的快闪效果。

图 7.35 | 音轨及视频切换的视觉效果

8. 腾空飞翔

腾空飞翔效果是指人悬空挥着胳膊向前飞的效果，拍摄和剪辑方式与定格动画相似，不同点是定格动画是选取某些帧，而腾空飞翔是选取多段视频。

腾空飞翔视频的拍摄过程：摄像机对准被拍摄人持续拍摄，被拍摄人腾空屈膝并上下挥动胳膊，然后向前一步再次腾空屈膝并上下挥动胳膊，重复 20 次左右，注意每次腾空的动作要尽量相似，以使效果连贯。

与定格动画视频的剪辑方法相同，只须选取所有腾空部分进行连贯播放，就可以实现腾空飞翔的视频效果。通过调整播放速度，再添加搞笑的背景音乐等，可以使视频效果更幽默。

9. 子弹时间

子弹时间效果是一种形象比喻，指能看到一颗子弹被射出后穿越空气的过程。子弹时间在视觉上是把极短的时间进行慢放，或者把漫长的时间进行快放。比如用 10 秒的时间展示一颗子弹被射出的瞬间，或者用 1 秒的时间快速穿越整个城市。

子弹时间效果可以通过拍摄照片连续播放实现。在概念上，子弹时间与延时摄影相似，但视觉效果不同，延时摄影适合拍动态的大场面，而子弹时间适合拍静态的细节。比如都拍摄天坛，延时摄影可以拍出天坛静止、白云流动的效果，而子弹时间可以拍出 1 秒内 360°环绕天坛的效果。

事实上，不管人跑多快，都是不可能在 1 秒内对天坛进行 360°拍摄的，就算视频能够播放也看不清楚，但子弹时间可以实现快速环绕的效果。

环绕型子弹时间效果的拍摄技巧是：以相同的半径围绕被拍摄对象进行 360°拍摄，比如连续拍摄 20～50 张照片，注意拍摄间隔的距离要相同，如图 7.36 所示，圆周上的每一个三角形都是拍摄点。

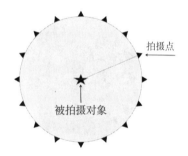

图 7.36 | 环绕型子弹时间的拍摄技巧

拍摄完成后，把所有照片按顺序播放做成视频，即实现了 360°环绕的子弹时间效果。除了环绕效果，子弹时间还可以拍直线效果，比如 1 秒内从 1000 米外走到面前，就是使用相同间隔进行的直线拍摄。

从视频效果角度来说，创意比剪辑技巧更关键。

7.3.3 抖音风格化视频制作

在抖音上，有一些常见的风格化视频类型，运营人员应该掌握它们的制作方法。一方面能快速学会视频制作，降低运营抖音的门槛；另一方面能把精力更多地放在内容创作上，提升内容质量，保证抖音的持续更新。

1. 文字视频

（1）形式特点

在抖音上有这样一类视频：伴随声音会同步出现字幕，字幕会放大/缩小，核心信息的文字会变色，视频的背景是一张风景或人物照片。此类视频的效果如图 7.37 所示。

图 7.37｜文字视频的效果截图

　　除横版排列文字外，还有竖版排列的文字。这类视频的特点都是背景不变，文字变化丰富并与声音同步。

　　（2）适合类型

　　这类视频的文字和声音同步、背景单一，重点是看文字听解说，因此适合的内容类型有知识分享、职场励志等。只要是讲道理的，都可以采用这种类型。

　　（3）制作方法

　　制作此类视频，可以使用专门的 App 工具，如字说、美册等。利用字说制作文字视频，可以现场录音生成，也可以上传带声音的视频自动识别。图 7.38 所示是字说录制视频的界面。

图 7.38｜字说录制视频的界面

视频生成后，还可以选择文字翻转的效果。自动识别声音时，文字可能会有错误，单击文字即可修改，也可以进行文字换行、修改文字的颜色等操作。图7.39所示是文字调整界面截图。

图7.39｜文字调整界面截图

完成文字设置后，要对视频背景进行设置。视频背景可以使用系统自带的效果，也可以使用自己上传的图片或视频。如图7.40所示，选择了一个古典风格的动态背景使视频效果更生动；也可以用原创图片或视频作背景，更容易凸显个人特色。

图7.40｜视频背景设置界面

除了文字和背景，字说还有贴纸、变声、添加音乐等功能，能满足视频的个性化制作需求。视频制作完成并保存到相册后，就可以上传到抖音等平台进行传播了。

2. 故事视频

（1）形式特点

在抖音上还会经常见到这样一类视频：中间是视频内容在持续播放，视频上方有大字标题，视频下方有小字字幕，字幕与解说声音相匹配。此类视频显示效果如图 7.41 所示。

图 7.41 | 故事视频的显示效果

故事视频在内容传播上的优势是：符合抖音 9：16 的竖版布局，让整个屏幕都有内容。同时上下文字的出现，既能解决横版视频上下有空白的弊端，还有利于用户获取信息。

（2）适合类型

这类视频适合以下内容类型：情感鸡汤、新闻资讯、电影解读、综艺娱乐、音乐分享等。比如美丽的城市夜景视频配上抒情的文字和背景音乐，就是一段情感故事视频。以视频加文字的形式展现内容，能在短时间内提供更丰富的信息，在内容传播上更有优势。

（3）制作方法

选择一段 16：9 的横屏视频素材，在编辑时修改其视频尺寸为 9：16。制作工具可以是 Inshot、字说、美册等。

使用 Inshot 添加一段视频，然后在画布中选择 9：16 的尺寸，显示效果如图 7.42 所示。

图 7.42 | 修改画布尺寸

拖动视频还可以调整视频的显示大小和位置。回到编辑页面,单击"文本"可以给视频添加文字,文字位置、大小和出现时间都可以调整。图 7.43 所示是 Inshot 文字编辑页的效果截图。

图 7.43 | Inshot 文字编辑页的效果截图

在画布中,默认的视频背景是毛玻璃效果,使用 Inshot 可以更改之。在编辑区单击"背景",如图 7.44 所示,可以选择各种纯色或渐变色的背景效果。

图 7.44 | 更改视频背景

利用 Inshot 制作这类视频较灵活，视频尺寸、字幕效果及背景等都可任意调整。字说、美册等 App 也提供了制作该类视频的模板，制作难度更低，但自主性相对要差一些。

3. 九宫格视频

（1）形式特点

九宫格视频指短视频在播放过程中可以从 1 个画面切换成 3 个、4 个、6 个、甚至是 9 个画面。画面切换跟音乐节奏同步，会使视觉效果更炫酷。切换成 9 个画面的九宫格视频效果如图 7.45 所示。

图 7.45 | 九宫格视频效果

（2）适合类型

九宫格视频常见于舞蹈、音乐、时尚类的视频内容，其可以通过一变多、多变一的画面切换，产生节奏动感、画面炫酷的视觉效果。

（3）制作方法

在抖音的分屏特效中，可以直接完成两屏或多屏的画面切换，但抖音自带的分屏效果有局限性，出现时间和屏幕内容不能自由调整。想要完成自定义的九宫格视频分屏效果，可以选择使用 Camtasia Studio 等 PC 端软件进行灵活剪辑。步骤如下。

首先在项目库中上传视频素材。如图 7.46 所示，标注"1"的是项目库上传素材的区域，标注"2"的是视频预览区，标注"3"的是时间轴剪辑区。素材上传后，将其拖拽到剪辑区，即可对其进行剪辑，然后播放视频，就可以在预览区查看效果。

为了实现从 1 个画面切换到 3 个画面，再切换到九宫格画面，需要在时间轴上先把视频剪辑成 3 段。第 1 段只有轨道 1 有内容，在播放时会显示 1 个画面；第 2 段是轨道 1、轨道 2、轨道 3 有内容，在播放时会显示 3 个画面（需要在预览区调整视频的显示大小，让 3 个轨道上的视频都显示出来）；第 3 段则轨道 1 至轨道 9 都有内容，在播放时会显示九宫格画面效果。视频剪辑及预览效果如图 7.47 所示。

图 7.46 | Camtasia Studio 的剪辑界面

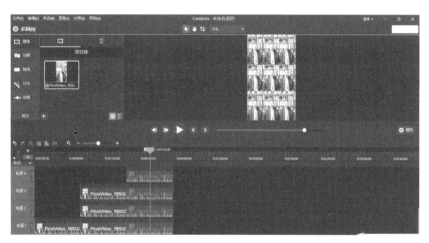

图 7.47 | Camtasia Studio 的视频剪辑及预览效果界面

　　九宫格画面除可以同时出现外，还可以让 9 个画面按顺序依次出现。如图 7.48 所示，让不同轨道的视频在时间轴上出现的时间逐渐延后，就可以实现依次出现九宫格这一效果。

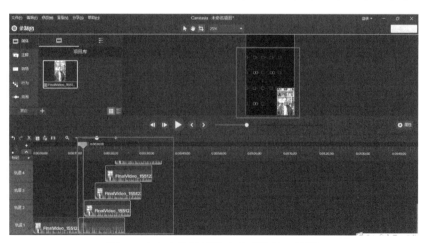

图 7.48 | 九宫格画面依次出现的效果设置

除了实现视频 1 变 3、3 变 9 的画面效果外，按照此方法剪辑，还可以实现任意数量画面的切换，并且能让各画面出现的时间不同。此外，还能够把 9 个或多个不同的视频显示在 1 个画面中，实现更多效果变化。Camtasia Studio 引入了轨道的概念，让视频剪辑的灵活性大大加强。

 ## 本章小结

本章围绕短视频运营，讲解了短视频行业知识、抖音运营技巧以及短视频自媒体的运营方法。掌握以上知识点后，读者将具备短视频制作及运营能力，特别是抖音平台的视频制作和运营能力。短视频的内容从表面看偏向视频制作，但其核心不在形式，而在内容。视频形式及制作只是短视频运营的表面，要想把短视频做好、把抖音运营好，最核心的还是要持续地提供高质量内容。

 ## 练习题

1. 结合自己的兴趣，写 1 份抖音自媒体的运营规划，并写出月度运营计划。

2. 完成屏幕取笔的魔术效果视频制作，要求真人出镜，有台词、字幕、音乐和鬼畜特效。

3. 结合当天的抖音热门话题，使用 Inshot 完成 1 个字幕视频的制作。制作完成后发布到抖音并进行分享传播，争取获得最高点赞量。

第三篇

新媒体运营提升

第8章
新媒体数据分析

学习目标

明确数据分析对新媒体运营工作的重要性，并熟知公众号、微博、抖音等新媒体平台的数据分析工具，掌握科学的数据分析方法，指导新媒体运营工作。

本章重点

本章建议重点掌握以下核心内容：首先，了解公众号、微博、抖音等平台的数据分析工具，掌握各个平台的数据分析方法，学会用数据总结并指导运营工作；其次，掌握热点事件的数据分析方法，能够总结出事件的传播规律；最后，了解互联网4大指数，并学会用指数对同一事件进行跨平台对比分析。总之，要学会新媒体相关的平台及行业数据分析，能够对运营工作进行数据总结，同时学会用数据作为指导，优化运营工作。

8.1　数据分析的作用和价值

数据是指导工作的科学指标，也是检验工作结果的判断标准。任何工作的执行，都需要通过数据指明方向及总结效果。运营工作因为具有体系化、庞杂化的特点，因此更需要通过数据来明确运营结果的好坏。一般在运营工作中，数据主要在执行前、执行中、执行后3个阶段发挥作用和价值。

1. 执行前

在工作执行前，一般需要参考行业数据及往期数据，为本次工作的执行确定标准和方向。比如根据行业投放数据，确定本次投放方向；根据往期活动效果，提前确定本次活动的目标。

2. 执行中

在工作执行中，进行数据的实时总结，能够及时调整工作，使工作按计划执行。比如拿当前活动数据与目标数据做对比，能够明确当前工作的执行效果，如果执行没有达到预期，可以及时对工作进行调整。在工作执行中总结和分析数据，能让工作执行得更有计划性和目的性，更利于提升工作执行效果。

3. 执行后

在工作执行后，需要对工作结果进行总结，而数据总结是进行工作总结的科学方法。通过对工作结果进行数据总结，能明确本次工作的真实成果，能对优劣进行区分，方便对成功经验进行发扬，对不足之处进行改进。工作执行后的数据总结，是运营工作的基本要求和核心能力。

8.2　公众号平台的数据分析

公众号运营人员常常有这样的需求：公众号有千千万，如何知道所有公众号的排名？哪些文章今天阅读量最高？汽车领域都有哪些大号？竞争对手的公众号运营情况如何？想要知道以上答案，就需要对公众号平台的数据进行分析。

1. 数据分析工具

公众号平台的数据分析工具有新榜、微小宝、清博大数据等。

（1）新榜

新榜是一家新媒体内容产业服务平台，不仅能进行公众号等平台的数据分析，还能作为新媒体投放平台，提供及时的新媒体行业资讯。新榜提供对公众号的榜单、热门、账号等的分析。图8.1所示是新榜的公众号榜单截图。

（2）微小宝

微小宝作为公众号运营助手，除提供公众号辅助运营、数据分析、分销推广等功能外，还提供公众号排行、公众号诊断、违规违章等分析功能。使用微小宝数据分析，能够直观了解全平台及各领域的账号数据情况。图8.2所示为微小宝数据分析中所展示的全平台账号平均数据截图。

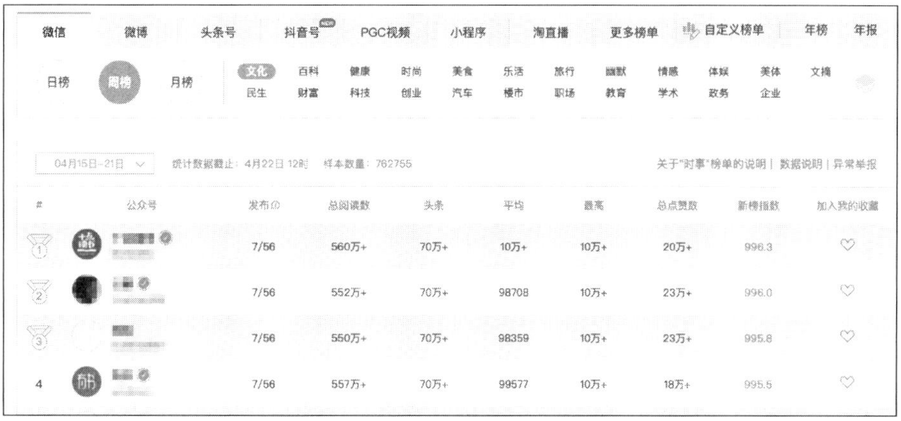

图 8.1 | 新榜公众号榜单截图

图 8.2 | 微小宝数据分析截图

（3）清博大数据

清博大数据是偏向搜索的新媒体数据分析平台，能够对微博、微信、头条等平台的榜单数据进行统计和展示。在微信数据分析中，清博大数据提供榜单、关注者预估、分钟级监测等功能。图 8.3 所示是清博大数据的首页截图。

图 8.3 | 清博大数据的首页截图

2. 微小宝数据分析

公众号平台的数据分析，通常都需要分析哪些内容呢？下面以微小宝为例进行数据分析展示。

（1）榜单分析

微小宝能够对公众平台所有账号及各领域账号进行榜单排名，并且能够提供当天名次上升最快的账号排名。如想了解汽车领域目前有哪些大号，则可以查看汽车领域的榜单排名。图 8.4 所示是微小宝汽车领域的榜单排名截图。

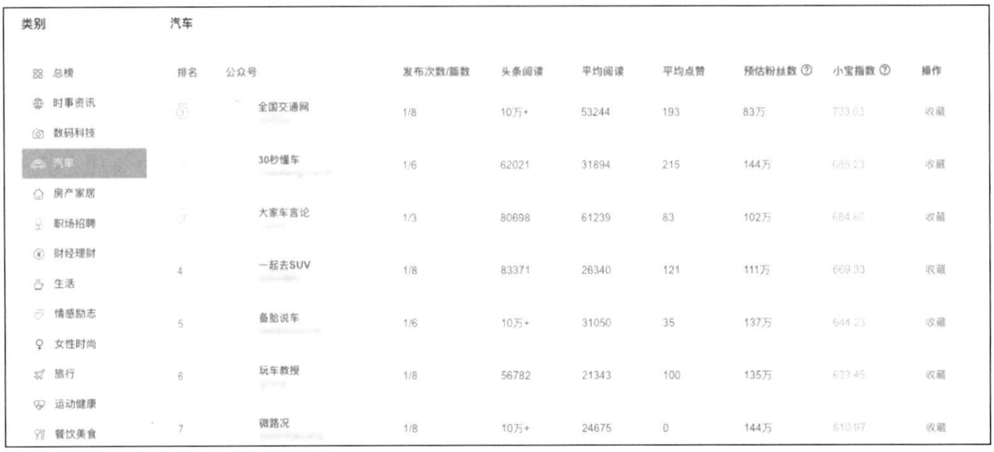

图 8.4 | 汽车领域的榜单排名截图

（2）文章分析

除了账号排名外，微小宝对当天各领域的热门文章也有排名。通过查看热门文章排名，不仅能够学习热门文章创作方法，还能参考热点文章进行选题创作。图 8.5 所示是美食领域的热门文章排名截图。

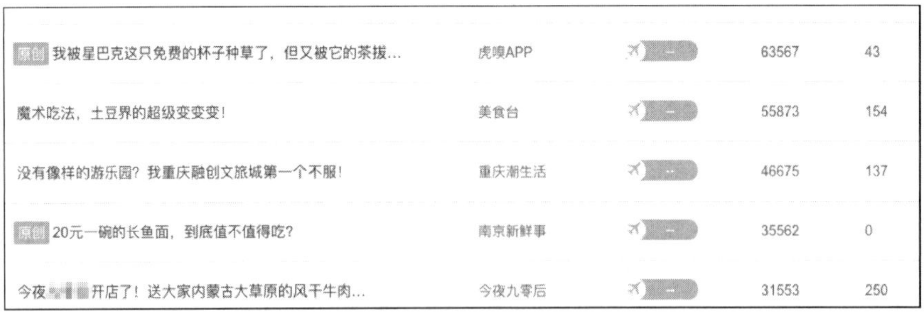

图 8.5 | 美食领域的热门文章排名截图

（3）公众号分析

在微小宝数据分析首页输入公众号昵称或微信号，可以完成对公众号的全面分析。图 8.6 所示是搜索"视觉志"显示的搜索结果截图。

输入公众号名称后，公众号的发文时段和次数，各篇文章的阅读量、点赞数据等都可以自动显示，同时还可以添加竞品等其他公众号进行对比分析。图 8.7 所示是对视觉志账号的分析内容截图。

图 8.6 | 搜索"视觉志"显示的搜索结果截图

图 8.7 | 对视觉志账号的分析内容截图

　　微小宝还提供对公众号文章内容的分析，即能对文章的原创占比、类型占比、文章类型及公众号热词等进行分析。图 8.8 所示是视觉志公众号文章内容的数据情况。

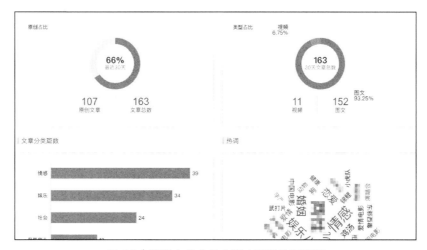

图 8.8 | 视觉志公众号文章内容的数据情况

微小宝还可以对公众号的其他同主体公众号进行分析，通过此分析，能够了解运营该公众号的公司还运营了哪些其他账号。如图 8.9 所示，可以看到视觉志所属的公司还有她刊、影探等其他公众号，而且都是大号，这说明该公司是一家拥有多个大号资源的自媒体公司。

账号主体	公众号总数	预估粉丝总数
青岛视觉志文化传媒有限公司	12	1636万+

公众号详情

公众号	总排名	分类排名	头条平均阅读数	头条平均点赞数	小宝指数	预估粉丝数
	--	--	10万+	4077	--	500万+
	--	--	10万+	14067	--	500万+
	25	--	99858	1358	807.58	149万
	--	--	98917	1315	--	148万
	142	3	88389	620	679.90	132万

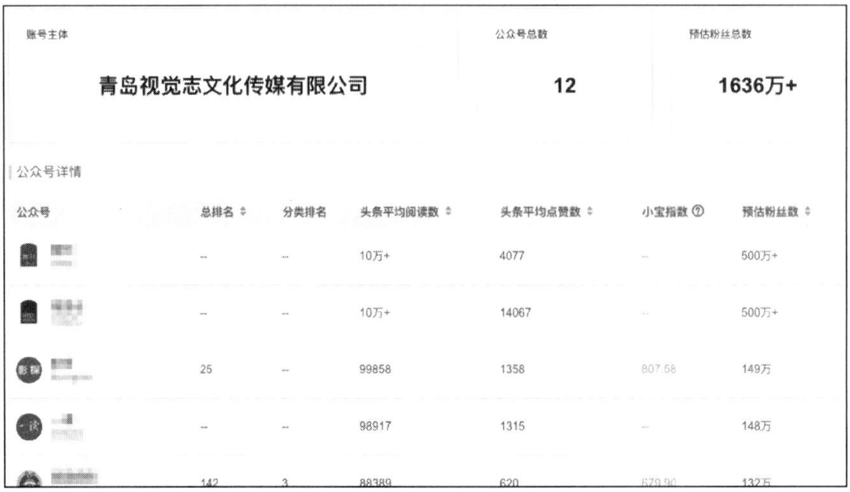

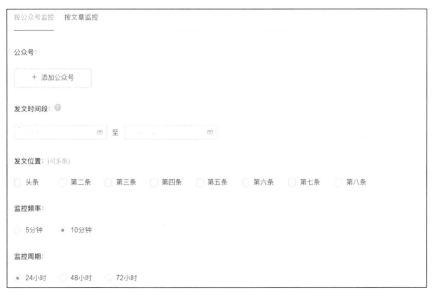

图 8.9｜视觉志所属公司公众号详情截图

除此以外，微小宝还提供付费的分钟级监测，能够对公众号文章进行实时监测，动态统计文章的传播情况。图 8.10 所示是微小宝分钟级监测内容的截图。

图 8.10｜微小宝分钟级监测内容的截图

利用微小宝等数据分析工具，能从宏观上对公众号进行数据分析，对全平台数据、行业数据、其他账号数据进行统计。配合公众号自带的数据分析功能，能完成对公众号的宏观、微观两方面分析，对运营工作进行多角度分析和总结，科学地指导公众号的运营。

8.3　单条微博数据分析

面对一条转发量过万甚至是过百万的微博，我们想知道这条微博是如何传播的？这条微博的曝光量如何？是否有大号转发？是否有"水军"？这条微博的传播轨迹是怎样的？参与这条微博传播的用户属性如何？这条微博的互动舆情是正面的还是负面的？我们可以借助工具，快速完成对一条高传播量微博的数据分析。

1. 数据分析工具

进行单条微博数据分析，可以使用微分析和知微两个工具。

（1）微分析

微分析是微博的官方数据分析工具，输入微博地址，即可完成对一条微博的自动分析，分析内容包括微博的传播情况、用户情况及评论转发内容的舆情等。微分析的入口位于微博后台的数据助手菜单下的大数据实验室内。图 8.11 所示是微分析的入口截图。

图 8.11 | 微分析的入口截图

（2）知微

知微是第三方数据分析工具，其不仅能进行单条微博的数据分析，还能对社会化热词进行数据分析。知微的微博数据分析特点是全面且可视化。使用知微能高效快捷地了解一条微博的整体传播情况。图 8.12 所示是知微微博数据分析的首页截图。

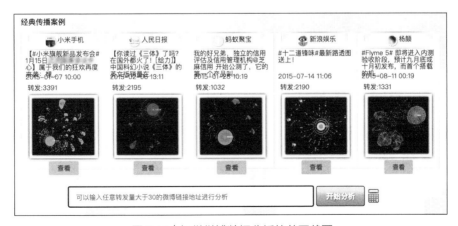

图 8.12 | 知微微博数据分析的首页截图

2. 知微微博数据分析

使用知微进行微博数据分析，只须把单条微博的地址输入分析入口即可。知微是收费的微博数据分析工具，但完成个人信息填写后，能获得官方的虚拟币奖励，使用虚拟币可以进行一定量的免费分析。图8.13所示是小米手机的一条新品发布微博，使用知微进行微博数据分析，能获得以下内容。

图 8.13｜小米手机新品发布微博

（1）总体数据

知微会从总体上展示这条微博的曝光量、内容评价、用户评价等内容，如果是带链接的微博，还会直接显示该链接的访问次数，方便统计推广效果。图8.14所示是知微对该条微博的整体分析截图。

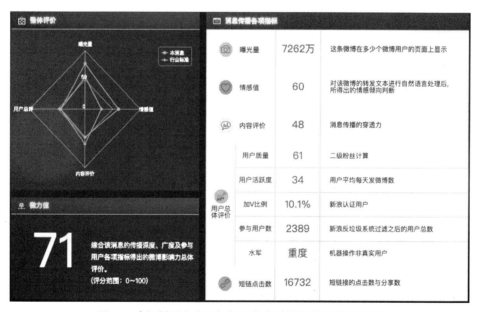

图 8.14｜知微对小米手机新品发布微博的整体分析截图

（2）传播趋势分析

知微还能对该条微博发布后的传播趋势进行可视化分析，显示微博发出后的转发数变化情况，并显示各个核心传播账号。如图 8.15 所示，可以看出上午 10:00 到下午 2:20 是该微博的传播高峰，主要的转发传播者是小米手机账号本身。

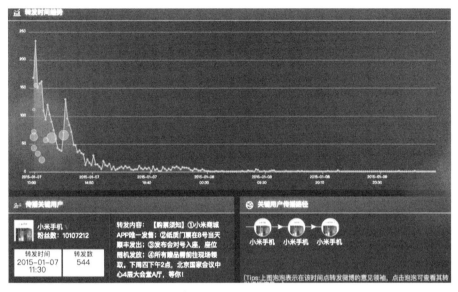

图 8.15｜知微的传播趋势分析截图

（3）传播路径分析

可视化的传播路径分析是知微分析的精髓，其也体现了新媒体社交化传播的魅力。如图 4.77 所示，每 1 个点代表 1 个微博账号的转发，有多个分支的点代表该账号带来了大量转发，比如"雷军"这个节点，就代表雷军的微博账号为小米手机的微博带来了新的转发。

可视化传播路径分析能直观地显示该条微博的传播路径，其不仅能显示哪些账号进行了转发，还能展示哪些账号带来了二次转发，让该条微博的传播特点和趋势一目了然。

（4）用户分析

用户分析指对参与这条微博互动的用户进行分析，其会展示参与者的地域、微博来源、性别、认证情况、关注者质量等数据。如图 8.16 所示，从用户微博来源分析可以看出，参与这条微博互动的很多用户都使用的是小米手机，因此可以预估小米手机是有自己的"铁杆关注者"的。

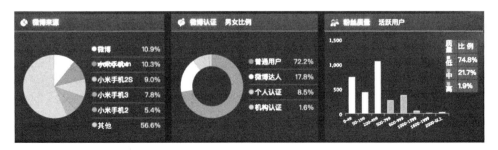

图 8.16｜用户分析界面截图

（5）引爆点分析

引爆点指给微博带来核心转发的知名博主，引爆点分析主要展示核心传播者。如图 8.17 所示，可以看到小米手机微博的引爆点是雷军、小米关注者后援会等小米公司相关账号，这说明小米采用了矩阵传播的营销方法。

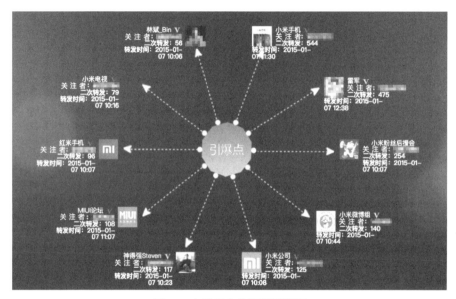

图 8.17 ｜ 引爆点分析界面截图

（6）短链接分析

如果被分析微博带有链接，知微还能对该链接进行分析。短链接分析能得出链接的传播和点击效果，为访问转化提供数据支持。如图 8.18 所示，短链接分析可以看出该条微博短链接的点击、分享和评论数据，还能直观地统计出该条微博的活动转化效果。

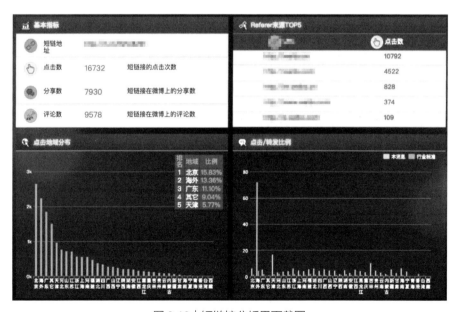

图 8.18 ｜ 短链接分析界面截图

（7）"水军"分析

"水军"分析是对参与这条微博互动的用户中有多少比例虚假数据的分析。知微通过账号属性对"水军"进行定义，如果一些账号数据不达标，则被判定为"水军"。通过"水军"分析，能得出该条微博的真实传播效果。需要注意的是，这里的"水军"是由知微进行定义的，不同平台对"水军"的定义不同，因此"水军"分析只有参考作用，而不能将其用于绝对判断。

如图 8.19 所示，该条微博的"水军"比例超过 50%，但此数据只有参考意义，不能就此断定该条微博就有大量"水军"参与了互动。

图 8.19 | "水军"分析界面截图

（8）互动内容分析

互动内容分析是对互动用户发布的内容进行分析，通过此分析能得出该条微博参与者对这条微博的内容评价，这对企业舆情和消费者预期管理有重要作用。

如图 8.20 所示，该条微博的互动内容得分是 60 分，偏向正能量。通过关键词可以看出，大部分互动用户对小米手机发布新产品还是比较期待的。对于负面词汇，点击详情可以发现，其并不是针对小米手机的负面评价，而是对抢不到发布会门票的抱怨。因此可以判定参与该条微博的用户评价整体上是积极正面的。

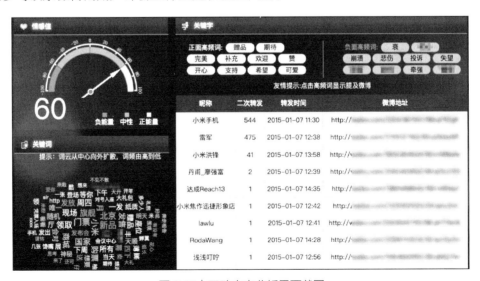

图 8.20 | 互动内容分析界面截图

通过以上分析可以发现，利用知微对单条微博进行数据分析，能清晰地看到一条微博的传播方法和传播质量，这对微博运营有较好的启示和参考价值。如果对自身微博进行分析，则能明确获知该条微博的全方位传播数据，这对总结结果和经验有重要帮助。使用知微进行微博数据分析，是指导微博运营工作的重要工具和方法。

8.4 抖音平台数据分析

运营抖音，既要关注自身数据，还要了解抖音平台数据。掌握平台数据，能够对头部KOL、话题和视频内容进行分析，从而了解平台特性和用户喜好，掌握内容风向标，为抖音运营提供更多思路和方法。

1. 数据分析工具

抖音平台的数据分析工具主要有 TooBigData、卡思数据、新榜等。这些工具虽然都能对抖音进行数据分析，但各自的侧重点有所不同。

（1）TooBigData

TooBigData 是专注抖音、快手短视频数据分析的平台。在抖音平台数据分析上，提供KOL 榜单、热门话题排行、热门视频排行等数据。图 8.21 所示是 TooBigData 抖音汽车类榜单截图。

全部	最新收录	黑马号	TBD 认证号			
#	头像	昵称	性别	粉丝 ↓↑	获赞 ↓↑	视频
1		懂车侦探	男	514.6 万	2858.3 万	32
2			男	449.6 万	2407.5 万	149
3			男	407.8 万	997.5 万	137
4		车行鹿姐	女	403.9 万	1090.6 万	26
5		-张越	男	383.0 万	2772.5 万	70
6		小李教练	男	215.3 万	608.8 万	238

图 8.21 ｜ TooBigData 抖音汽车类榜单截图

（2）卡思数据

卡思数据是专注短视频数据分析的平台，可提供抖音、快手、bilibili、西瓜视频等短视频平台的榜单数据。图 8.22 所示是卡思数据榜单首页截图。

（3）新榜

新榜是专注自媒体平台的数据分析平台，可提供抖音、头条号、微博、微信等自媒体平台的榜单数据。图 8.23 所示是新榜的抖音娱乐类榜单排名截图。

图 8.22 | 卡思数据榜单首页截图

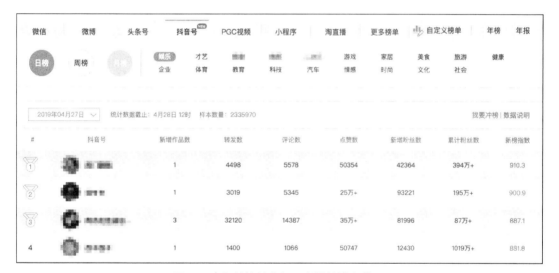

图 8.23 | 新榜的抖音娱乐类榜单排名截图

2. TooBigData 抖音数据分析

TooBigData 对抖音平台的数据分析内容较全面，有关 KOL、热搜、视频的排行榜均有展现。

（1）KOL 排行

TooBigData 既提供抖音的整体 KOL 排行，又提供各领域的垂直 KOL 排行，并且在领域分类上较细致，如程序员、二次元、文字等领域均有涉及。图 8.24 所示是二次元领域的抖音 KOL 排行截图。

了解抖音平台 KOL 排行榜，能了解抖音平台的 KOL 生态，为抖音运营者进行行业分析和成功案例分析提供直观的数据展示，便于运营者根据头部数据调整自身运营策略。

全部	最新收录	黑马号	TBD 认证号				
#	头像	昵称	性别	粉丝 ↓⁼	获赞 ↓⁼	视频
1		喵小兔漫画（画师七七）	女	974.1 万	9825.6 万	267
2		巴比兔	女	839.4 万	8823.0 万	225
3		僵小鱼	男	778.5 万	2127.0 万	223
4		小品一家人	女	717.5 万	8491.4 万	308
5		起司姨太	女	644.7 万	6084.0 万	236
6			男	550.1 万	5339.7 万	132
7		唐唐频道	男	512.1 万	2379.3 万	516

图 8.24 ｜ 二次元领域的抖音 KOL 排行截图

（2）热搜排行

TooBigData 同时提供抖音平台的热搜排行。了解热搜数据，便于运营者掌握平台热点动态，进而根据热点进行内容创意或方向调整。图 8.25 所示是 TooBigData 的当日热搜排行榜截图，此数据会实时动态更新。

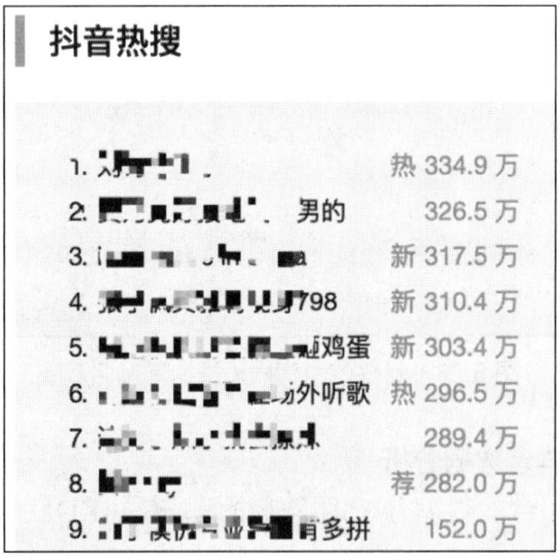

图 8.25 ｜ TooBigData 的当日热搜排行榜截图

（3）热门视频排行

利用 TooBigData 还能获得抖音热门视频的排行榜单，并且能够按时间查询视频以及视频的传播数据。掌握热门数据排行情况，有助于运营人员了解抖音平台的内容运营方向及用户喜好，并根据热门视频的案例特点进行抖音内容创作。图 8.26 所示是 2019 年 4 月 22 日之后 TooBigData 发布的近一周的热门视频排行截图。

抖音热门视频列表						
发布时间在此之后的视频 2019/04/22　查询					搜索	提交新视频
#	封面	作者	描述	点赞数 ↓≡	评论数 ↓≡	分享数 ↓≡
1		人民日报	人民海军生日快乐！重温2…	950.7 万	10.0 万	3.9 万
2		内蒙古鄂尔多斯消防	消防员灭火归途中，伸出援…	487.2 万	939	2836
3		烟台高速交警莱州大队	相同的年纪却是不同的童年	374.8 万	10.0 万	8217
4		人民网	震撼！这不是复制粘贴，感…	355.6 万	10.0 万	2.3 万
5			妈妈的味道，思念的味道，…	344.8 万	7.4 万	4812
6		青春福建	本项目世界最好成绩！冲啊…	335.1 万	10.0 万	6381

图 8.26 | TooBigData 的热门视频排行截图

通过对抖音平台进行数据分析，能在用户、内容、热点等方面获取榜单信息，实时掌握平台动态。这些数据对日常内容选题、视频创作方法、行业案例研究等都有学习和参考价值，能更好地帮助运营人员进行抖音运营。

8.5　社会化热点事件数据分析

对于每天发生的热点事件，运营者可以通过数据了解热点发展的动态和规律，企业可以通过数据对涉及自身的事件进行舆情监控和管理。对于新媒体运营人员来说，实时关注社会热点，掌握热点发展的来龙去脉，是职业要求和基本功。学会用工具对社会热点事件进行数据分析，是新媒体运营人员必备的数据分析能力。

1. 数据分析工具

目前，专注社会化热点事件的数据分析工具主要有知微事见、清博舆情、微热点。这3 个工具在信息获取和内容展示上各有特色。

（1）知微事见

知微事见是知微的社会化事件分析工具，专注对全网热点事件进行跟踪和分析，并提供可视化的数据分析报告。

图 8.27 所示是知微事见的首页截图。知微实时对全网事件进行跟踪，并根据时间和热度对事件进行排序展示。只须点击事件，即可获取该事件的数据分析报告。

（2）清博舆情

清博舆情是清博大数据的舆情分析产品，偏重为企业提供舆情管理服务，拥有对全网数据的挖掘和处理能力。根据监测内容，其能对全国各平台的企业舆情信息进行实时监控。

（3）微热点

微热点是新浪微博投资的社会化大数据处理平台。微热点的信息来源偏重微博，分析方向偏重社会化。微热点可对全国热点事件进行可视化展示和排序，并且能通过曲线图展示事件的热度变化。

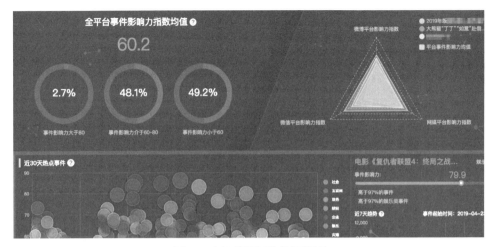

图 8.27 | 知微事见的首页截图

2. 知微事见数据分析

知微事见是可视化、体验良好、数据展示全面的社会化热点事件分析工具。运营者可以利用知微事见进行免费的热点事件分析，企业可以利用知微事见进行企业舆情监控和管理。知微事见的具体分析步骤如下。

（1）关键词搜索

除了可以在知微事见首页直接点击事件进行数据查看外，还可以通过关键词搜索的方式获取相关热点事件。如图 8.28 所示，搜索"车展"共获取了 9 个事件，可以点击任一事件查看对应的数据详情。

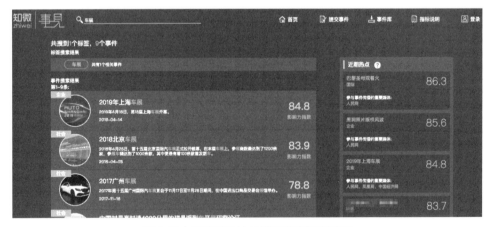

图 8.28 | 知微事见的关键词搜索界面截图

（2）事件概况

进入事件的分析页面后，在事件概况中，会展示该事件的热度变化、影响力、媒体参与情况及与同类事件、相关事件的对比分析等。

如图 8.29 所示，分析结果显示 2019 年上海车展事件的影响力较高，超过了 99% 的同类事件的热度，并且展示了微博、微信、网络等媒体平台的事件热度对比，以及央级媒体、财经类媒体和科技类媒体的参与度。

图 8.29 | 知微事见 2019 年上海车展的情况分析

（3）传播趋势

传播趋势分析会展示该事件在传播周期内的热度走势，并且可以进行微博、微信、网络媒体及全网的热度对比，也可以把此事件与同类事件进行横向热度对比。图 8.30 所示是 2019 年上海车展的传播趋势，从图中可以看出 4 月 16～19 日是事件热度的高峰期，与事件的线下发展周期相符。

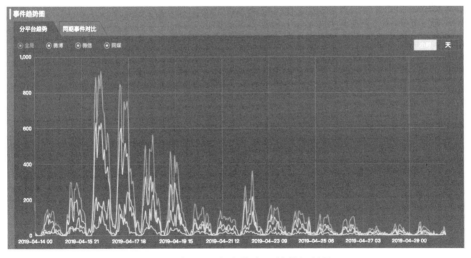

图 8.30 | 2019 年上海车展的传播趋势

（4）重要渠道

知微事见会对事件的报道渠道进行统计，以总结事件的传播规律。图 8.31 所示是 2019 年上海车展的媒体报道渠道分析，左右拖动时间轴，即可看出在整个传播周期内哪天、哪个平台、哪家媒体对事件进行了报道。

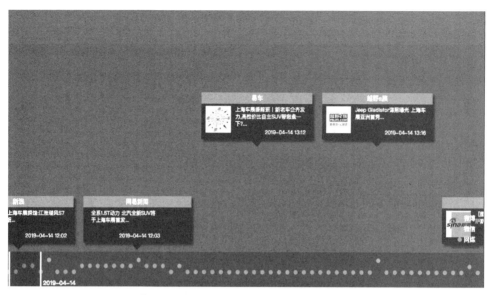

图 8.31 | 2019 年上海车展的媒体报道渠道分析界面截图

（5）舆论聚合

舆论聚合是整合媒体及意见领袖的观点，得出整体舆论关于该事件的高频词。通过舆论聚合能掌握事件的整体社会评价并把控传播舆论，同时还可以跟踪针对性舆论的来源，并进行及时处理。图 8.32 所示是 2019 年上海车展的舆论聚合截图，从图中可以看出主要舆论为车企的新品发布信息，整体舆论评价偏正面。

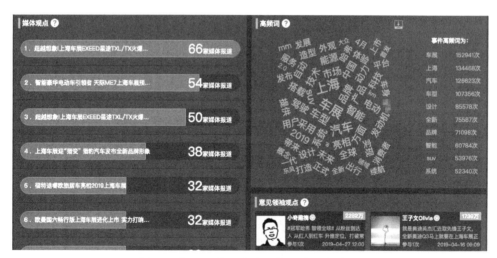

图 8.32 | 2019 年上海车展的舆论聚合截图

（6）人群画像

知微事见的人群画像分析主要展示事件参与者的地域、标签、性别、活跃度等情况。不同类型事件的参与者，体现出的用户属性不同。

知微事见的热点事件分析全面且直观地展示了一个事件的传播趋势、话题方向及用户特征，为热点分析、事件分析甚至是行业案例分析提供了数据支持。对热点事件的分析能够帮助我们了解传播规律，发掘事件传播的秘密，从而更好地完成运营和传播工作。

8.6　互联网五大指数

指数是平台内容热度的风向标，主要的互联网信息平台都有自己的指数工具。通过指数能获取事件、人物、地点等关键词在平台的传播趋势，了解平台热点内容趋势和事件的发展趋势。

不同平台的内容类型及用户属性不同，因此相同事件在不同平台会呈现出不同热度的传播趋势。如明星发布新专辑的事件指数，在微博及微信平台通常会呈现微博热度较高、微信热度较低的特点。利用多个指数进行对比分析，既能全面掌握事件的全网热度，又能了解事件在全网的传播趋势。

核心的互联网平台指数主要有以下 5 个。

1.　百度指数

百度指数是以百度用户为基础的数据分享平台，主要展示被分析对象的指数趋势、需求图谱和人群画像，并支持关键词对比分析。

百度指数有搜索指数、资讯指数和媒体指数 3 项内容，通过这些指数的分析，能了解用户的搜索习惯、资讯报道量和媒体关注度。图 8.33 所示是关键词"车展"在一段时间内的搜索指数，可以看出用户搜索趋势与线下车展周期相符。

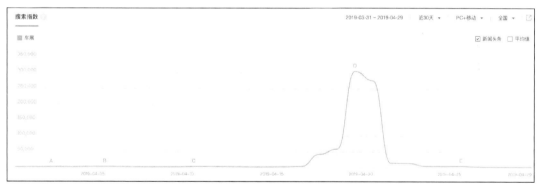

图 8.33 | 百度指数中对"车展"的数据分析截图

2.　微博指数

微博指数又叫微指数，是以微博用户为基础的数据分享平台，体现出了开放式社交特点。微指数提供热词周期热度趋势分析，并支持关键词对比分析。

图 8.34 所示是关键词"车展"的微指数趋势图。微指数须在微博 App 中访问使用，关注微博账号"微指数"即可获得访问入口。

3.　微信指数

微信指数是以微信用户为基础的数据分享平台，体现出了熟人社交的特点，与用户真实生活感受相关度较高。微信指数是一个微信小程序，在微信内按名称搜索小程序即可使用之。图 8.35 所示是关键词"车展"在微信平台的 90 天热度趋势图。

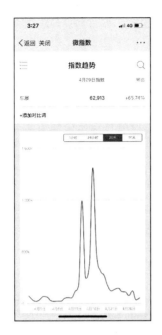 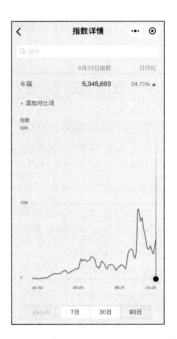

图 8.34 | 关键词"车展"的微指数趋势图　图 8.35 | 关键词"车展"在微信平台的 90 天热度趋势图

4. 头条指数

头条指数是以头条用户为基础的数据分享平台，数据方向偏重资讯热度。头条指数支持按周期、按地域进行关键词查询，支持对比分析，提供关联分析、相关内容、人群画像等数据结果。图 8.36 所示是关键词"车展"在一段时间内的头条指数数据截图。

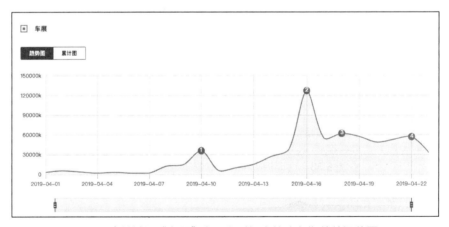

图 8.36 | 关键词"车展"在一段时间内的头条指数数据截图

5. 阿里指数

阿里指数是定位于"观市场"的数据分析平台，在内容上偏重电商市场行情数据。利用阿里指数，能够了解市场行情、查看热门行业、分析用户群体，对电商运营有重要的指导意义。

图 8.37 所示是阿里指数的首页截图。阿里指数与其他内容型平台的指数不同，在关键词上偏重商品而非事件，但可进行相关搜索对比，以了解热点事件对消费者购买决策的影响。

图 8.37 | 阿里指数的首页截图

要想了解某事件或产品的全网热度，需要利用多个指数进行交叉对比分析，以使数据更全面、更精准。如针对关键词"车展"进行多平台对比分析，可以找出用户聚集的平台，挖掘出精准用户的属性，从而为汽车品牌进行市场投放提供支持。指数除体现了平台的热度趋势外，更重要的是体现了消费者的关注点、搜索点、消费点，而这些数据正是运营的核心。

本章小结

本章围绕数据分析讲解了新媒体平台的数据分析工具及方法。数据分析是运营的基本技能，也是运营的基本工作。新媒体的数据分析相对简单，因为各个平台都有智能化的数据分析工具，可以提供相对全面的数据分析结果。但数据分析工作又是有难度的，因为数据不是关键，分析才是关键。通过数据发现事件传播的规律和技巧，并利用这些规律和技巧指导工作，才是进行数据分析的最终目的。

练习题

1. 利用知微，分析 1 条竞争对手微博的成功案例，并总结出至少 6 条值得学习的运营经验。

2. 根据自己的抖音定位，找出相同领域的 5 个案例账号、5 个热门话题及 5 个最热视频，并对其进行总结分析，得出提升自身抖音运营的技巧。

3. 分析近 1 周内的某一热点事件，写 1 份事件传播分析报告，要求包含事件的传播路径、传播特点、舆论内容及用户属性等。

第 9 章

新媒体活动策划

学习目标

了解活动策划的重要性及意义，掌握活动方案的策划技巧，能够撰写切实可执行的新媒体活动方案。

本章重点

本章建议重点掌握以下核心内容：首先，了解活动策划方案的重要性，拥有正确的策划活动方案的意识；其次，掌握微博活动方案的策划技巧，能独立完成 1 个新媒体活动方案的策划。总之，要学会活动策划方案的策划思路、方法和技巧，能在新媒体工作中独立地进行活动策划，并能撰写优质的活动方案。

9.1 活动策划基础知识

活动策划是活动执行前的准备工作，通常由活动负责人来完成，活动策划的内容体现是活动策划方案。策划方案经团队沟通确认后，工作人员将按确定后的方案执行活动。

不管是进行平台运营还是进行用户运营的新媒体人，都需要通过策划活动来实现运营数据的增长。活动策划体现运营者的综合能力，因此能够独立地完成活动策划并执行的人，会有更强的职业竞争力。在写活动策划方案之前，需要明确以下 4 项内容。

1. 活动方案受众

活动方案的受众通常是领导，因此方案要把领导关心的问题写清楚。比如领导会关心怎么做，在哪儿做，什么时间做，受众是谁，花多少钱，会带来多少效果等，把领导关心的所有内容写清楚，就是一份合格的活动策划方案。

领导所处职位不同，其具备的活动运营专业知识也不同。因此需要结合领导的级别及岗位，在方案撰写上进行个性化调整，以使领导能清晰理解方案信息。

2. 活动方案类型

运营人员在工作中会策划各种各样的活动，撰写不同的活动方案。根据活动类型及形式大小，通常会有策划案和执行案两种活动方案。

（1）策划案

策划案指活动的策划方案，主要偏重想法和做法，但具体怎么做不会体现。比如其中会写出在哪些渠道推广，但具体投放哪些账号不会体现。通常进行大型活动策划时，需要先写出策划案，用策划案体现创意想法和宏观做法。

（2）执行案

执行案指活动的执行方案，主要偏重做法和执行，会体现执行的细节。比如其中既要写出在哪些渠道推广，还要写出具体的投放账号及价格。一份合格的执行案，是让任何人看了都能遵照执行的。

一般小型活动因形式简单，可以只策划执行案。大型活动通常先写策划案，确定创意和做法可行后，再由执行人员撰写执行案，经过审核后即可按照执行案执行。

3. 活动方案内容

常规来说，一个活动方案应该包含以下 10 项内容：活动目标、活动主题、活动时间、活动受众、活动形式、活动内容、推广渠道、费用预算、活动效果、其他备注。

4. 活动方案标准

衡量一个活动策划方案质量高低的指标有很多，比如创意、细节、逻辑等，但从根本上决定一个方案是否合格的标准是——可执行性。可执行性指看到一份方案，任何人都能看得明白，并且能够按照方案执行，而且执行后还能实现目标，达到效果。

方案虽然需要策划，但策划不是纸上谈兵，不是坐在计算机前空想。策划是在之前工作经验的基础上进行调研和规划。想写出一份合格的策划方案，必须进行充分的调研，甚至提前进行部分执行工作，比如投放渠道确认等。策划是对将要做的工作的规划和细节的确认，需要保证在执行时能够按照方案顺利推进。

写策划方案的过程，也是活动执行的前期过程。方案要想可执行，必须在写方案前完成产品分析、用户调研、渠道确认、执行预演等工作，如此一来写出的方案才是能落地、可执行的，才是真正有价值的活动策划方案。

9.2 微博活动策划方案撰写技巧

撰写活动方案时需要遵循从整体到局部、先目标再执行的原则。整体上确定活动内容后，再一项项填充细节，并且需要使细节符合整体逻辑。活动目标一旦确定，则活动内容的每一项都要符合目标并努力实现目标。

活动方案的 10 项内容在细节上有以下撰写技巧。

1. 活动目标

（1）根据当前阶段的工作需求定目标，如推广新产品、提高品牌知名度等。

（2）一般新媒体活动主要实现以下目标：品牌曝光、关注者数量增长、用户互动、产品宣传、销售转化等。

（3）活动目标一般须从品牌到销售按顺序填写。

（4）活动目标的每一项都要具体明确，不能只笼统地写"实现品牌曝光"，应该写出实现什么品牌的曝光。

（5）新媒体活动的核心考核目标通常是曝光、关注者和互动，而不是以销售为唯一衡量标准，销售转化只是新媒体活动的目标之一。

（6）在确定活动的销售目标时，应以获得用户的线索为追求，而非在线销售数量。

2. 活动主题

（1）主题是一句宣传口号、是标语、是活动的核心提练。

（2）主题要简单、直接，其有推广目标的作用。

（3）主题要精练，字数要少，通常是一句短语。

（4）主题是一句明确的广告宣传语，但不能直接叫卖广告。

（5）主题要有创意。

注意：新媒体的活动和主题都要有创意，而不能是直接打折或让用户点击购买。新媒体的活动形式，要设计成让用户在参加活动的过程中帮企业宣传品牌或产品。

3. 活动时间

（1）既写活动时间，又写策划时间，体现规划性。

（2）策划时间的周期通常与执行时间相同。

（3）小型活动的周期为 1 周，中型活动的周期为 10 天或半个月，大型活动的周期可以是 1 个月。

（4）活动上线时间通常选周一或周二，方便用户参与及投放，而不选周五或周末。

（5）一般情况下活动日期不写年，但需要写月、日，活动周期跨年时则须写明年份。

4. 活动受众

（1）根据活动推广的产品确定受众。

（2）受众要明确垂直，这样才能找到具体的目标人群。

（3）受众可以分为精准的和非精准的两类，精准的做转化，非精准的提高参与数量。

（4）目标受众确定后，活动的推广渠道也就确定了。

5. 活动形式

（1）活动形式的策划技巧。

① 要符合平台特点。

② 要能实现活动目标。

③ 要简单以方便用户参加。

④ 要清晰明了以让领导及用户都能看懂。

（2）微博平台常见的活动形式。

① 转发抽奖类。

② 微博评论随机抽奖类。

③ 微博评论按点赞数抽奖类。

④ 从用户发布带话题的微博中随机抽奖类。

⑤ 让用户发布微博@官方微博抽奖类。

（3）微信平台常见的活动形式。

① 微信投票。

② 微信留言点赞。

③ 微信小游戏。

④ 微信抽奖。

⑤ H5 或小程序测试。

⑥ 萌宝大赛、砍价、拼团。

⑦ 免费讲座公开课。

6. 活动内容

通常活动内容应该包含 4 项信息：活动奖品、活动规则、广告信息、活动缘由。

策划微博活动时，活动内容有以下写作注意事项。

（1）文案越精炼越好。

（2）多用回车空行以使排版美观。

（3）要能实现所有的活动目标。

（4）奖品的选择要符合品牌特性和用户喜好。

（5）建议采用九宫格配图展示奖品和产品，使品牌曝光效果最大化。

7. 推广渠道

（1）根据受众确定渠道，保证渠道的精准性。

（2）充分挖掘自有渠道，自有渠道资源才是长久免费和高质量的。

（3）选择能实现活动目标的渠道类型并进行投放。

（4）首先在活动平台内投放，一般不跨平台投放，避免用户体验差，进而导致转化率低。

8. 费用预算

（1）预算中一般包含如下费用：奖品费用、投放费用、人员费用、场地费用、物料费用。

（2）奖品和投放费用的比例大致为 1∶5，既要保证奖品的吸引力，又要保证覆盖足够多的用户。

（3）要在方案中展示预算详情，写出具体的奖品和渠道内容。

（4）整体费用根据本次活动规模及往期投放数额来预估。

9. 活动效果

（1）由活动目标来定，要对每一项活动目标进行量化，进行效果预估。

（2）可根据活动页面的曝光量、访问量、关注者新增量来统计活动效果。

（3）在活动进行前，要确定每一项活动效果，并进行数据统计。

（4）按照以往活动效果和行业转化数据来预估本次活动数据。

（5）预估的活动效果就是本次活动的关键绩效指标，执行时要努力达到。

10. 其他备注

（1）与方案有关、需要领导知晓但不重要的小事。

（2）费用申请、人员支持等需要领导协助的事项。

9.3 微博活动策划方案案例

虚拟在线互联网教育品牌"达外教育"以发布新媒体课程产品为背景，进行新品推广和品牌曝光，策划了在微博平台的活动方案，以下是活动方案的具体内容。

达外春季新品发布微博活动方案

1. 活动目标

（1）实现达外品牌在微博平台的曝光。

（2）实现官方微博"@达外教育"的关注者数量增长。

（3）提高达外官方微博关注者的互动黏性。

（4）对达外新产品"新媒体 2.0"课程进行推广。

（5）提高"新媒体 2.0"课程的在线预约人数。

2. 活动主题

"薪"媒体 2.0。

3. 活动时间

执行时间：4 月 16～22 日。

策划时间：4 月 8～15 日。

4. 活动受众

（1）新媒体及互联网运营相关职场新人或应届毕业生。

（2）传统行业年轻从业者及准备转行的人群。

（3）微博平台年轻用户群体。

5. 活动形式

转发抽奖：用户关注微博并转发活动微博，可参加抽奖赢得奖品。

6.　活动内容

#薪媒体 2.0# 达外新媒体 2.0 迎春上线，挑战高薪！

转发+关注@达外教育，4 月 22 日抽 10 人送亚马逊电子书阅读器（Amazon Kindle）。

包含两微一抖、自媒体、短视频等 236 个知识点的"新媒体 2.0"预约免费学 7 天，限 100 人：（活动链接）。

微博须配九宫格图片来展示奖品及课程，微博发布形式示例如图 9.1 所示。

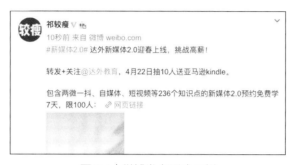

图 9.1 | 微博发布形式示例

7.　推广渠道

（1）自有渠道：官网推送、App 通知、公众号、朋友圈、QQ 群、微信群、邮件、短信。

（2）微博知名博主。

（3）"粉丝头条"与"超级粉丝通"。

（4）外部渠道。

8.　费用预算

（1）总费用：5 万元。

（2）奖品预算：1 万元。

亚马逊电子书阅读器（1000 元×10 台=1 万元）。

（3）渠道投放：4 万元。

"超级粉丝通"投放 1 万元。

"粉丝头条"投放 1 万元，如图 9.2 所示。

图 9.2 | "粉丝头条"投放示例

微博知名博主投放 2 万元（须在表 9.1 中填上具体投放的账号）。

表9.1　投放账号相关信息

账号	关注者	转发	评论	赞	链接	价格

9. 活动效果

（1）实现达外品牌曝光量 60 万。

（2）实现活动参与人数 8000 人。

（3）实现"@达外教育"微博关注者增长 7000 人。

（4）实现达外教育微博关注者互动 9000 次。

（5）实现在线课程预约 100 人。

10. 其他备注

（1）活动奖品最终花费会随市场价格有轻微波动。

（2）投放的微博大号在投放当天因档期会有个别调整。

（3）活动须协调设计部同事设计微博配图。

（4）本次活动须提前申请活动经费，以方便报销。

 本章小结

　　本章主要讲解了新媒体执行方案的策划方法，以微博活动方案为例，展示了详细的方案内容策划技巧。活动方案策划最核心的是有创意、可执行、有效果，要让方案既能吸引用户参加，又能落地执行，并且能实现企业目标。活动策划与执行既是新媒体人的必备技能，也是新媒体人的核心职业能力。新媒体人要把理论付诸实践，既能学会策划方案的撰写，又能在工作中不断提升自身的综合职业竞争力。

 练习题

　　结合自身项目，写 1 份微博活动策划方案。要求：推广渠道精准、费用预算分配合理、效果预估可实现。

第 10 章
整合营销活动运营

学习目标

了解什么是整合营销，学会撰写整合营销活动方案，并能通过项目执行周期表来执行活动。

本章重点

本章建议重点掌握以下核心内容：首先，了解什么是整合营销，了解整合营销的传播方式和特点；其次，掌握整合营销活动策划方案的撰写方法，能够独立完成整合营销活动策划方案的撰写；最后，了解整合营销活动的执行技巧，学会制作项目执行周期表。总之，要学会在活动运营过程中，完成活动方案的撰写及有规划地执行活动。

10.1 整合营销基础知识

整合营销是指整合全网及全公司资源，进行线上线下相结合的全渠道运营，实现从品牌到销售的全流程转化的营销过程。整合营销是一种常见的企业营销方式，与一般的营销活动相比，整合营销规模较大、影响力较广、实现企业营销目的较全面。

1. 整合营销的作用

企业通常会在全年的营销规划中，做一次或多次整合营销计划。企业进行整合营销有以下作用。

（1）整合营销能扩大宣传范围，实现更广泛的企业品牌曝光。

（2）整合营销能实现"1+1 > 2"的活动效果，进而提升整体营销效率。

（3）整合营销能够实现的企业营销目标更全面，除品牌外，其还能实现用户和销量的转化。

（4）整合营销能一次性调动公司整体资源，提高资源利用率和团队协作能力。

（5）整合营销实现全网传播后，能够提升企业品牌影响力、团队凝聚力和员工自信心。

2. 整合营销的特点

从分工上来说，运营偏重过程，营销偏重目的，整合营销是从企业目的的角度进行的运营活动。整合营销与一般性营销行为相比，有如下特点。

（1）全面性

整合营销不仅要整合全网、全公司的资源，在营销目的上也是全面的，要实现从品牌到销售的全流程营销目的。

（2）规划性

整合营销成功的关键是其具有规划性，全网、全平台活动要有计划、有节奏地推进，才能实现整合的目的。

（3）目的性

营销本来就是目的明确的企业行为，而整合营销是有计划的大型营销活动，更应该有明确的目的。

（4）复杂性

整合营销活动是多平台活动的联合与联动，要有明确的转化路径和传播节奏，因此整合营销活动是复杂的营销活动。

3. 整合营销的方案

进行整合营销，应该先撰写活动方案再执行。整合营销活动方案与一般性活动方案在结构上类似，但内容上却不同。整合营销方案的撰写须明确以下内容。

（1）汇报对象

活动方案的汇报对象是上级主管及领导，方案的内容应该以解决领导的疑惑为主。

（2）方案内容

活动方案的内容通常包括目标、内容、渠道、费用、效果等，整合营销活动方案也是活动方案，因此也应包含上述内容。撰写整合营销活动方案时可以参考第 9 章有关新媒体活动方案策划的内容。

（3）策划性

整合营销活动是大型的复杂活动，在执行之初须进行详细的规划，因此整合营销活动方案通常是策划案，先策划宏观的做法，待整合营销活动方案被批准后，再撰写可执行的各平台执行方案。读者须注意整合营销活动方案的策划性与一般性活动方案的执行性的区别。

 ## 10.2　整合营销活动策划方案的撰写技巧

整合营销活动策划方案偏重活动的创意和做法，不讲具体的细节。所以一份合格的整合营销活动策划方案，只须写出活动创意形式、宏观的费用和效果等内容即可。整合营销活动策划方案在撰写上有以下技巧。

1. 活动目标

① 整合营销活动目标是从公司层面定目标，而不是从一个平台的角度定目标。

② 整合营销活动目标应该包括从品牌到销售的全流程，不能只有品牌目标。

③ 活动目标有轻重缓急之分，要把重要的目标写在最前面。

④ 活动目标是整个活动的旗帜，其可以明确活动执行的方向。

2. 活动主题

① 主题是一句短语，是创意文案，要精炼、明确。

② 整合营销的活动主题要宏大，可以创作自己的专属节日。

③ 要根据受众属性、产品特点及市场淡旺季变化规律来打造节日定主题。

④ 建议打造节日时不要与"双十一"等大流量活动日发生冲突，以免丧失竞争优势。

⑤ 如果主题中有日期，日期应该选在产品的旺季。

3. 活动形式

① 在确定整合营销的活动形式之前，应该先确定活动平台。

② 活动平台是由活动目标决定的，而活动形式又是由活动目标和活动平台的特点共同决定的。

③ 各个平台的活动形式应该简单、明确、有创意，方便用户参加，方便实现目标。

④ 各个平台的活动形式确定后，应该为平台活动撰写主题，同时各平台的活动主题要符合整合营销的大主题。

⑤ 活动形式、活动平台和活动主题确定后，整合营销活动的雏形就基本确定了。

⑥ 活动形式和活动主题是整合营销活动的创意所在，是活动策划的重点。

4. 活动时间

① 通常情况下大型整合营销活动的周期是 20～30 天。

② 各平台活动中，核心活动的周期最长，方便为其他平台导流。

③ 各平台的活动应该周期不同、开始和结束的时间不同，应该有节奏地进行。

④ 各平台根据活动的重要性和平台的特点决定活动的周期。

⑤ 整合营销活动众多，各平台活动的上线时间一般要有计划地错开，以使在整个周

期内能不断上线新活动，给用户良好的活动体验。

5. 活动受众

① 活动受众可根据本次活动的推广方向来确定。

② 活动受众可根据公司产品的受众来定。

③ 活动受众可仅是最核心的受众。

④ 活动受众是推广渠道的目标人群。

6. 推广渠道

① 根据活动目标，选择能实现目标的渠道和平台进行投放。

② 整合营销的推广渠道，由各个平台的推广渠道合并而成。

③ 各个平台的推广渠道，由平台的特点和该平台的投放费用来决定。

④ 整合营销的推广渠道，只须写出渠道即可，无须写出投放细节。

7. 活动预算

① 活动的整体预算由各平台的预算合计而成。

② 各平台活动预算的分配，按平台活动的重要性来划分。

③ 各平台具体的费用类型通常有：奖品、渠道、人员、物料。

④ 整体预算的多少根据本次活动的规模和活动的目标来确定。

8. 效果预估

① 活动的整体效果由各个平台的活动效果合计而成。

② 各个平台的活动效果根据投入费用预估。

③ 以行业平均的转化数据为参考，预估投入费用的活动效果。

④ 活动目标决定了应该预估哪些活动效果。

从以上内容可以看出，整合营销活动的策划其实是在做加法。在渠道、预算和效果上把各个平台的内容相加，我们就可以得到整体的活动数据，只是各个平台的活动须符合整体的目标和规划。因此整合营销活动的策划是从整体到局部，再从局部到整体的过程。把握好这一策划思路，再结合第 9 章有关活动执行方案的介绍，我们就可以很容易地写出优秀的整合营销活动策划方案。

 ## 10.3 整合营销活动方案案例

虚拟互联网教育品牌 ZMOOC 是一家以程序开发课程为主的在线学习平台，为了实现品牌的全网曝光和用户转化，以"1024 程序员节"为背景，策划了本次整合营销活动方案，以下是活动方案的具体内容。

ZMOOC 整合营销活动方案

1. 活动目标

（1）实现 ZMOOC 在全网的品牌曝光。

（2）实现 ZMOOC 在新媒体平台的关注者数量增长。

（3）实现 ZMOOC 官网访问量的增加。

（4）增加 ZMOOC 平台的注册用户数。

（5）提高 ZMOOC 付费课程的销量。

2. 活动主题

1024 程序员节。

3. 活动形式

（1）官网活动

平台：官网。

形式：举办程序员"拼手速"大赛，上传敲代码的精彩视频即可参加。

主题：程序员"拼手速"大赛。

（2）微博活动

平台：微博。

形式：转发抽奖，在转发中晒出你认为最帅的程序员格子衫。

主题："帅"出你的格子衫。

（3）微信活动

平台：微信。

形式：留言送书，留言说出你认为最好的编程语言，留言前 10 名获奖。

主题：最好的编程语言。

（4）抖音活动

平台：抖音。

形式：发布与程序员合拍、有程序员特色的抖音视频。

主题："抖"是程序员。

（5）斗鱼活动

平台：斗鱼。

形式：直播互动抽奖，聊程序员的各种话题，为程序员"正名"。

主题：程序员正义联盟。

4. 活动时间

整体周期：10 月 9～31 日

官网活动：10 月 9～25 日

抖音活动：10 月 11～22 日

微信活动：10 月 14～21 日

微博活动：10 月 17～24 日

斗鱼活动：10 月 9 日、12 日、16 日、19 日、24 日、29 日

5. 活动受众

（1）程序员。

（2）互联网相关专业的应届大学生及 IT 行业职场人士。

6. 推广渠道

（1）品牌联合、"垂直"网站、信息流广告。

（2）DOU+、抖音知名用户。

（3）各平台关键意见领袖。

（4）广告主广告、行业微信群、行业知名人士朋友圈、公众号大号。

（5）"超级粉丝通"、"粉丝头条"、企业微博合作。

7. 费用预算

（1）总预算30万元

➤ 奖品4.6万元

➤ 渠道20万元

➤ 人员3.9万元

➤ 媒体1万元

➤ 备用金0.5万元

（2）微博平台5.5万元

➤ 奖品1万元

➤ 渠道4.5万元

（3）微信平台7万元

➤ 奖品0.5万元

➤ 渠道5万元

➤ 人员1.5万元

（4）抖音平台3万元

➤ 渠道2万元

➤ 人员1万元

（5）斗鱼平台2万元

➤ 奖品0.6万元

➤ 人员1.4万元

（6）官网预算11万元

➤ 奖品2.5万元

➤ 渠道8.5万元

8. 预估效果

（1）整体效果

➤ 曝光量500万次

➤ 关注者4.3万人

➤ 访问量7.5万次

➤ 注册用户7300人

➤ 购课者1200人

（2）微博平台

➤ 曝光量60万次

➤ 关注者6000人

➤ 访问量500次

（3）微信平台

➤ 曝光量20万次

> 关注者 7000 人
> 访问量 1000 次

（4）斗鱼平台

> 曝光量 30 万次
> 访问量 1000 次

（5）抖音平台

> 曝光量 120 万次
> 关注者 3 万人

（6）官网平台

① 导入的流量

> 访问量 2500 次
> 用户 300 人
> 购课者 200 人

② 自身投放

> 曝光量 300 万次
> 访问量 7 万次
> 用户 7000 人
> 购课者 1000 人

以上就是一份简洁的整合营销活动策划方案。在实际工作中，整合营销活动策划方案通常是一份 PPT，并以会议的形式进行汇报和讲解。

整合营销活动方案的策划，最核心的问题是创意和平台活动形式。确定了创意和平台活动形式，活动的整体执行流程就明确了。在平台活动的策划上，策划者要思考各平台活动的联动方式，要解决各个平台如何向核心平台导流等问题。

在方案的制作过程中，整体的数据是由各平台的数据汇总而成的，明确了各平台的花费、渠道及效果，就能统计出整体的数据。各平台的费用占比须根据平台的重要性及平台效果的质量来确定。

整合营销活动策划的根本是围绕产品和用户确定目标，有了目标就有了活动策划的方向。然后是活动的主题和创意，主题和创意是活动的灵魂，决定着活动是否有吸引力。具体内容是平台及活动形式，这是方案的核心内容，决定着活动是否可行。渠道投放是活动的声量，决定着活动的覆盖范围和最终效果。预算和预估效果是活动的投入和产出。明确了以上内容之后，策划者就能撰写出一份逻辑清楚、结构完整的整合营销活动方案。

10.4 整合营销活动执行技巧

整合营销活动的执行需要一定的工作管理和执行技巧。通过项目执行周期表进行工作管理，是使工作有计划推进的良好方法。

1. 项目执行周期表

把一个项目的工作内容按照时间进行规划，并把规划内容做成表格就可以形成项目执行周期表。图 10.1 所示是一个项目执行周期表的部分内容截图。

大赛项目执行周期表																	
	9月1日	9月2日	9月3日	9月4日	9月5日	9月6日	9月7日	9月8日	9月9日	9月10日	9月11日	9月12日	9月13日	9月14日	9月15日	9月16日	9月17日
工作项目	周五	周六	周日	周一	周二	周三	周四	周五	周六	周日	周一	周二	周三	周四	周五	周六	周日
竞技比赛	功能开发			比赛页面	比赛文案	活动上线	品牌投放	信息流			群发		垂直网站		活动抽奖		
微博活动	活动策划案			确定方案	经费申请投放渠道配图制作	文案确定		活动上线			大号推广	自有渠道	大号推广		自有渠道		
微信活动	活动方案确定			书籍购买	微信文案		活动线上	活动传播			微信群推广	微信大号	微信群推广	微信群推广			
新闻	确定新闻稿			确定投放媒体	发布新闻	查看效果				发布新闻				发布新闻			

图 10.1 | 项目执行周期表的部分内容截图

（1）项目执行周期表的作用

① 能对项目工作内容进行梳理，方便制订工作计划。

② 能对项目的执行过程进行管理，便于有规划地执行工作。

③ 能加强对团队员工的管理，提高员工的工作效率。

（2）项目执行周期表的使用流程

① 由团队负责人根据事项和时间进行宏观规划。

② 团队负责人与团队成员共同确定各项工作的细节和执行时间。

③ 周期表制作好后，发邮件给参与者，要求其按计划执行，同时将邮件抄送领导。

④ 在项目执行过程中，按照周期表推进工作，确保每天的工作按时完成。

⑤ 在项目结束后，根据工作完成情况，参考周期表进行表彰或追责。

（3）项目执行周期表的制作流程

① 先在前两行列出时间，写出整个活动执行周期，效果如图 10.2 所示。

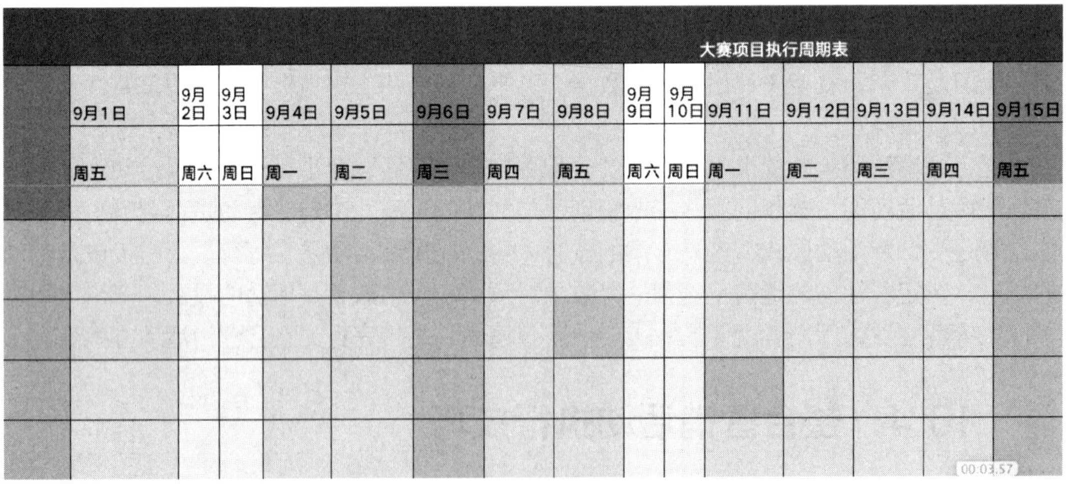

大赛项目执行周期表															
9月1日	9月2日	9月3日	9月4日	9月5日	9月6日	9月7日	9月8日	9月9日	9月10日	9月11日	9月12日	9月13日	9月14日	9月15日	
周五	周六	周日	周一	周二	周三	周四	周五	周六	周日	周一	周二	周三	周四	周五	

图 10.2 | 项目执行周期表的时间示例

② 在第一列列出事项，按平台或事项写出活动内容，效果如图 10.3 所示。

③ 确定各事项的开始及结束时间，确定核心事项的时间点，效果如图 10.4 所示。

④ 按照时间填写各事项的具体工作内容，周末通常不安排工作，效果如图 10.5 所示。

大赛项目执行周期表														
9月1日	9月2日	9月3日	9月4日	9月5日	9月6日	9月7日	9月8日	9月9日	9月10日	9月11日	9月12日	9月13日	9月14日	9月15日
工作项目 周五	周六	周日	周一	周二	周三	周四	周五	周六	周日	周一	周二	周三	周四	周五
竞技比赛														
微博活动														
微信活动														
新闻														
H5														

图 10.3 | 项目执行周期表的事项示例

大赛项目执行周期表														
9月1日	9月2日	9月3日	9月4日	9月5日	9月6日	9月7日	9月8日	9月9日	9月10日	9月11日	9月12日	9月13日	9月14日	9月15日
工作项目 周五	周六	周日	周一	周二	周三	周四	周五	周六	周日	周一	周二	周三	周四	周五
竞技比赛					活动上线									
微博活动						活动上线								
微信活动					活动线上									
新闻					发布新闻					发布新闻				发布新闻
H5					上线									

图 10.4 | 确定各事项的开始及结束时间

大赛项目执行周期表														
9月1日	9月2日	9月3日	9月4日	9月5日	9月6日	9月7日	9月8日	9月9日	9月10日	9月11日	9月12日	9月13日	9月14日	9月15日
工作项目 周五	周六	周日	周一	周二	周三	周四	周五	周六	周日	周一	周二	周三	周四	周五
竞技比赛 功能开发			比赛页面	比赛文案	活动上线	品牌投放	信息流			群发		垂直网站		活动抽奖
微博活动 活动策划案			确定方案	经费申请投放渠道配图制作	文案确定		活动上线			大号推广	自有渠道	大号推广		自有渠道
微信活动 活动方案确定			书籍购买	微信文案		活动线上	活动传播			微信群推广	微信大号	微信群推广		微信群推广
新闻 确定新闻稿			确定投放媒体		发布新闻	查看效果				发布新闻				发布新闻

图 10.5 | 填写各事项的具体工作内容

项目执行周期表由团队负责人起草,具体内容由团队成员共同协商确认。具体事项的时间安排,一是看整体活动的上线时间,二是看具体执行者的工作进度。项目执行周期表的制作技巧是:在制作初期,把事项事无巨细地安排到周期表中,随着制作经验的增加学会取舍,最后只安排核心工作即可。

2. 活动执行技巧

整合营销活动的执行是一项既复杂又有挑战的工作,要求运营者具备一定的项目管理和人员管理能力。除了利用项目执行周期表管理工作外，运营者还可通过以下方法提高项目执行的质量。

（1）充分筹备

充分筹备指在工作执行之前做充分的准备工作，如确定/准备各个平台的推广渠道、活动配图、推广文案等。在筹备阶段准备得越充分，执行时会越从容。

（2）日日推进

日日推进指每天按照工作计划去推进工作。整合营销活动项目是一个系统，牵一发而动全身，1项工作没有完成很可能会影响其他工作的顺利推进。所以要有"当日事当日毕"的意识，日日推进工作以保证当日工作推进完毕。

（3）人员管控

工作执行是否到位由人员的管理水平决定，整合营销活动的执行效果取决于参与项目执行的人员管控。在活动执行中，项目负责人要利用项目执行周期表、会议、邮件等方式对项目组成员进行管理，明确分工，并督促项目组成员每日工作执行到位。人员管控是项目负责人的重要工作内容之一。

（4）数据跟踪

在项目执行过程中，要时刻跟踪数据。数据是项目执行效果的"晴雨表"，要通过分析数据调整执行方向，进而保证最终的活动执行效果。在活动执行之初，项目成员应该对活动的预期效果进行分解，通过每天、每次的推广来逐步实现效果，并须及时调整投放及运营策略，以保证最终活动效果能够实现。

（5）阶段总结

阶段总结有两个目的：一是阶段性总结工作的进度和完成情况，对工作进行及时复盘和调整；二是对团队人员状态进行再次调整，使团队持续保持高投入状态。整合营销活动周期较长，须通过分阶段总结的方式来实时激励团队，使整个周期内团队员工的执行力都处于最佳状态。

本章小结

本章围绕整合营销讲解了整合营销方案的策划及执行技巧。整合营销活动方案策划在结构层面与一般性活动策划无异，但在策略层面，要求有更高的全局性和运营观。在企业工作中，一般的整合营销活动的策划和运营是由团队管理者负责的，新媒体运营人员只负责执行。但新媒体运营人员在执行中也应有全局观，也应努力完善自己的知识体系，努力理解并精进整合营销策划的相关知识，学会整合营销活动的策划方法，并掌握对应的活动管理和执行技巧，以提高实现最终活动效果的可能性。

练习题

1. 以自身项目为例，撰写 1 份整合营销活动方案，并以 PPT 形式进行小组汇报及相互点评。

2. 选取小组内的最优方案进行执行，管控执行过程，并对执行效果进行总结。